池川クリニック院長
池川明

魂の教科書

自分に目覚めて
ラクに生きたいあなたへ

廣済堂出版

はじめに

頑張っても仕事の成果が思うように出ない。
イヤミな上司や足を引っ張る後輩、毎日イラッとすることばかり。
唯一、甘えられる彼氏ともなんだかぎくしゃく。
周りの人はみんな楽しそうで羨ましい。自分だけが取り残された気分……。
私、このままでいいのかな。
どうして私だけ、こんなにうまくいかないの？
そもそも、生まれたくて生まれたんじゃない。親が勝手に生んだのに――。

私はさまざまなところで講演する機会がありますが、こんな悩みを聞くことがあります。たしかに、こんな毎日だったらしんどそうです。
でも、私はいつもひとつ訂正しています。

「親が勝手に生んだ」

これは、大きな間違いです。

なぜなら、あなたは、自分で生まれたくて、生まれてきたからです。

自ら親を選んで生まれてきたからです。


いつ、選んだか。

生まれる前、魂の状態のときです。


私は産婦人科医です。医者なのに、非科学的な魂の話をすることに違和感を覚える人もいるかもしれません。

でも、医者だから、「魂は、ある」と確信したとも言えます。


「胎内記憶」というものを、ご存じですか?

2013年に公開されたドキュメンタリー映画『かみさまとのやくそく　胎内記憶

を語る子どもたち』を観て、胎内記憶という言葉を知った人もいるかもしれません。

胎内記憶とは簡単に言えば、お母さんの胎内にいるときや、出生時の記憶のこと。言葉を話すようになってから、胎内記憶を話してくれる子どもがいるのです。

私は、はじめは胎内記憶なんてまったく信じていませんでした。

医学では、新生児の記憶力や思考力は未発達とされています。生まれてしばらくは、目もぼんやりとしか見えず、色の区別もつかないとされています。

だから、胎児は無力な存在だと思い込んでいました。

でも、あるとき胎内記憶関連の本を読み、そのことについて医院の女性スタッフと話をしたら、「記憶はもちろんありますよ」「うちの孫にも記憶がありますす」と、さも当然のごとく言われたのです。

医学の世界ではトンデモ話とされるくらい〝非常識〟なのに、赤ちゃんを毎日見ているスタッフは、それを軽々と飛び越えて、自分たちの感覚を信じているように見えました。

改めて、病院で生まれてくる赤ちゃんの顔を眺めていると、一人ひとりが実に個性豊かです。

「この子たちに、本当に考える力がないのかなあ?」

私ははじめて疑問に感じました。

一般的に、記憶力や思考力、精神活動は、脳の神経細胞の働きだと教わります。しかし、一つひとつの細胞にもその力が宿っている可能性があるのではないか——。

そこで半信半疑ながら、来院するお母さんたちに「胎内記憶」と、誕生したときの「誕生記憶」についてアンケートをとってみたら、答えてくれた79人のお母さんの子どものうち、胎内記憶のある子は53%、誕生記憶のある子は41%もいたのです。

記憶の例を一部ご紹介すると、

「あったかくて、気持ちがよかった」

「暗かった」

「狭かった」

「泳いでいたよ」

「パンチ！　とかキック！　とかたくさんした」

「おなかに紐《ひも》がついていて、振って遊んだ」

など、実にさまざまなエピソードがありました。

「子どもは、想像力が豊かだからそんな話ができる」と言う人もいますが、これだけ多くの子どもが表現の仕方は違っても、明らかに羊水の中の話をしている時点で、今までの想像の範疇《はんちゅう》を越えています。

翌年、全国保険医団体連合会でこのことを発表してみたところ、大きな反響を呼びました。

その後、新聞や雑誌、ラジオなどの取材を受けるたびに、読者や視聴者から経験談が寄せられ、さらには、長野県諏訪《すわ》市と塩尻《しおじり》市全域の保育園の協力を得て、３６０１組の親子に大規模なアンケートを実施して、データを蓄積していきました。

すると、あることに気づきました。

子どもによっては、お母さんのおなかに「宿る前の世界」を記憶していたのです。

それも、かなりの人数の子が。

私は、このお母さんのおなかに宿る前の記憶を、「中間生記憶《ちゅうかんせい》」と分類しました。

お母さんのおなかにやってくる前にいた場所は、雲や空の上だったり、宇宙だったり、天国だったり、実にさまざまです。しかし、この世に来る前の記憶を、たくさんの子どもが覚えているということは、肉体に命が宿る前の存在として、魂は、「ある」と考えなければ不自然です。

目に見えなくても、「ある」のです。

中間生記憶を持つ子どもの話は、もう一つ私たちに大切なことを教えてくれます。

それは、私たちは、さまざまな意思を持って、この世界にやってきたということです。

「生まれることは自分で決めて、神様に伝えに行く」と教えてくれた子もいましたが、

どのお母さんの子どもになるのか、「自分で決めて」やってくるのです。

これからお話しする魂の世界から考えると、地球に生まれることができる人は、ほんの一握りしかいません。なぜなら、さまざまな条件をクリアしなければ、命を授かることはできないからです。

魂にしてみれば、「やっと生まれてこられた！」という喜びに満ちている誕生のはずです。それなのに、いざ生まれてみたら、大きくなるにつれ、親や友達、パートナーらとさまざまな問題を抱えてしまいます。

「このままでいいのかな」と不安がつきまとい、やがては何かあるたびに「どうせ、私なんて……」と自己否定の思いでいっぱいになってしまう……。

本書では、こんなふうに生きづらさを感じている人に、「魂」というユニークな視点で自分をとらえ直してみたらどうかと提案したいと思います。

結論から言うと、どんな人生も、オールＯＫ。

これを安直な答えだと思いますか？

でも、読み進むにしたがって、その意味がどういうことかわかってもらえると思います。


今回はすみれちゃんにも協力していただき、いろいろ話を聞かせていただきました。

すみれちゃんは、ベストセラー『かみさまは小学5年生』（サンマーク出版）で知っている人もいるかもしれません。私は映画『かみさまとのやくそく』ですみれちゃんと出会い、以来お友達として仲良くしています。

すみれちゃんは生まれる前、自分が神様だったときの記憶を持っています。

今回、すみれちゃんに改めていろいろ聞いてみて、生まれる前の魂はどこにいたのか、それはどんなところなのか、どうして生まれてきたのか、そして私たちが楽しく過ごすにはどうすればいいのかなど、たくさんのことを教わりました。

ありがとう、すみれちゃん。

ちょっとだけ衝撃的なことをお伝えすると、魂は、深刻さとは無縁です。**魂は、肉体とともに、持っている情報は変化していきますが、成長もしないし、反省もしません。**

読み進むにしたがって、あなたはけっして無力な存在ではないということ、そして生まれる前から、自らの意思を持ち、自分で決めてこの世界にやってきた力強い、素晴らしい存在だということがわかると思います。

毎日をより楽しく、軽やかに、愛にあふれて生きる人が一人でも多く増えることを願っています。

2019年1月吉日

池川明

魂の教科書——自分に目覚めてラクに生きたいあなたへ

目次

第1章　そもそも、魂って何？

第２章　いろんなことを経験したい！

第3章 ノリをよく軽やかに！ 楽しく日々を生きるコツ

第4章　魂は、愛。感情が入ると愛が動き出す

第1章

そもそも、魂って何？

対談 すみれちゃん×池川

魂は光のエネルギー体

池川 生まれる前は、魂は宇宙にいるとか言うけど、宇宙ってどういうところかな？

すみれ 宇宙は神様や天使さん、魂が住んでいるところ。

池川 「天の川銀河」みたいな？

すみれ みんなが思うような青い宇宙みたいなところに、人間には見えない世界がある。

池川 前にすみれちゃんから「宇宙」があって、「地球」があって、その真ん中に「空の上の世界」があるって教わったけど、「宇宙」は神様や天使さん、魂が住んでいるんだよね？ ならば、「空の上の世界」は、どんなところだろう。

すみれ 「宇宙」は、神様や魂、天使さん、見えない存在たちが暮らす「神様の国」で、「空の上の世界」は、魂が遊ぶ場所。

池川　魂と神様は、違うものなんだ。

すみれ　うん。**魂は魂で、神様は神様。**

池川　神様に、魂は宿っているの？

すみれ　魂が体のかたちになっているのが神様。だから魂ではある。ただ魂の「上」の存在みたいな。

池川　魂に、「上」や「下」があるんだ。それは何で決まるの？　たとえば魂が経験したこととか、存在した長さとか？

すみれ　そこはあまり決まってない。**神様になる人は、認められた人。神様は、魂を守る存在でもあるよ。**

池川　ということは、神様の上に、また神様がいる感じ？

すみれ　神様になるのは、経験豊富な存在が多いけど、神様の中の上の位《くらい》の人たちが信頼している魂だったりすると、その魂は神様になれるときがある。

池川　いちばん上の神様の、さらに上の神様はいるの？

すみれ　日本の神様、アメリカの神様、ほかの国の神様はいるけど、どの国がいちばんとかじゃなくて、全体のピラミッドがある。

池川　ピラミッドのいちばん上に君臨している神様でも、いちばん偉いっていうわけではないんだ。

すみれ　それは関係ない。**神様に偉いとか、偉くないとかはないから。**

池川　ところで、魂ってみんな同じかたちのような気がするけど、お互いに区別はつくのかな？

すみれ　神様や天使さんは区別がつくけど、魂のかたちはみんな同じ「丸」だから、人間が見ても、ぜんぜんわからないと思う。でも魂同士とか、神様や天使さん、上の世界にいる人なら違いがわかる。

池川　魂の見た目は一緒でも、中身は違うよね？

すみれ　性格は、もうぜんぜん違う！

池川　みんな個性があるんだね。その違いは、お互いに感じ取れるの？

すみれ　なんとなくわかる。

池川　じゃあ、神様も性格は違うのかな。

すみれ　うん。怖い神様もいれば、すごく優しい神様もいるし、きちんとした神様もいれば、ダラダラした神様もいる（笑）。だけど、みんないい神様だよ。

池川　妙に人間っぽいね。魂をひと言で言うと、どういうものなんだろう？

すみれ　**……意思。**

池川　意思ってエネルギーだから、魂はエネルギー体ってことかな。

すみれ　そう。それに近い。

池川　魂は光だって言う人もいるよね。

すみれ　うん。光っている。

池川　光は、「粒子」であり「波（波動）」でもあるという二重の性質があるよね。粒子はモノ、つまり物質だから、「魂は光」ということは、物質でもあり、それゆえに「魂には、意思がある」と考えることができるかもしれないね。

魂とは、目に見えない意識体

ときどき、呼びかけてもボーッとしている子どもっていますよね。

しばらくしてから、ハッと我に返って、まるで生き返ったかのようになる子。

私は、そういう子を見ると、「ああ、戻ってきたな」と思います。

どこから戻ってきたのかって？

それは宇宙です。宇宙に行って、つかの間、魂をリフレッシュさせて戻ってきたのです。

え？　魂？

そう思う人もいるかもしれませんね。魂って、あるのか、ないのか、得体が知れないものですから。

だけど、多くの人が、「魂」は、目に見えなくても、「ある」と思っているのではないでしょうか。現に、辞書にも「生きものの体の中に宿って、心の働きをつかさどると考えられるもの」と書いてあります。

私は、魂の定義を次のように考えています。

魂とは、目に見えない意識体である。

すなわち、エネルギー（情報）が魂です。

人間として生まれるときは、エネルギーが物質化して、死んで解放されるときは、物質からエネルギーに戻るのではないかと思います。

これは、単に「かたち」がかわるだけ。

水が「かたち」をかえることを想像してみてください。

雲から雨が降って、水たまりができて、蒸発して雲になる。H_2OはH_2Oのままですが、雲や雨、雪と「かたち」はかわっています。

魂もそれと一緒で、魂の状態から人間になって、また魂の状態に戻る。そう考えると、「かたち」がかわるだけという見方ができるのです。

魂はお母さんのおなかに宿って、物質化した人間として肉体を持って生まれますが、おなかの中にいるときは、すごく自由です。

お母さんのおなかの中にいるときは羊水に浮いているので、宇宙と似ています。無重力に近い状態で自由に手足が動かせます。

ところが、いざ生まれてみると、おなかの中とは大違い。手をほんの少し動かすだけでも、とてつもなく大変なことと知り、〝重力の洗礼〟に遭います。

赤ちゃんは、内心では、「うわ。地球ってこんなに重かった⁉」なんて思っているかもしれません。

肉体を持った重さ、重力の重さ。このダブルの重さが、赤ちゃんに重くのしかかります。

おまけに、生まれたばかりの魂は、まだ人間の体になじんでいません。

魂が体に宿り、つながっていく感覚を学ぶのが、お母さんのおっぱいを飲む動作です。

「おぎゃー」と生まれた赤ちゃんがお母さんに抱っこされると、自ら這《は》うようにしてお母さんのおっぱいに吸いつこうとします。目が開いていなくても、お母さんのおっぱいをめがけて動くあの様子は、まさに魂が肉体に宿り、つながる感覚を学んでいると言えるのです。

「自分で動かす」という意思を体に伝えることではじめて、魂と肉体が一致します。

魂と肉体が合わさり、ようやく「人間」になりますが、これは車の運転にたとえるとわかりやすいでしょう。

車は、人間の体。ドライバーは、魂です。

車はドライバーがいなければ動きません。

もう少し言うと、車があって、ドライバーがいても、座っているだけでは動きません。ハンドルやブレーキ、アクセルを操作しなければなりません。それらに該当するのが「心」です。

心があってはじめて人間として動きます。

心と魂は混同されやすいですが、私はこのように違うと思っています。

「右に曲がって」「ブレーキかけて」「アクセル踏んで」。これらドライバーの意思を車に伝達する道具が、心です。魂を肉体につなげる翻訳機のような役割りを果たしているのです。

大人よりも、赤ちゃんのほうがはるかにハイスペック!?

魂が肉体を持つ前は、意思の疎通は人間同士よりもはるかに簡単です。ツーカーでできました。

なぜなら、意識だけなので「あなたが、私。私が、あなた」という状態だからです。

つまり、一体化しているので、どんなことでも言わなくても伝わるのです。

でも、人間という物質になってこの世に生まれた瞬間、一体化していたものから個々に分かれてしまいます。

肉体を持った人間になるというのは、「みんな一緒」の状態から、「私は私」という個になるということなのです。

これは「言わなくても、伝わる」世界ではありません。

でも、魂のときツーカーだった記憶がどこかに残っているせいか、私たちは「言わなくても、伝わる」と思い込んでいるフシがあります。

よく奥さんが旦那さんに、「言わなくても、わかってよ!」などと怒る話を聞きますが、まさにあれです。

でもそれは、魂の世界でしか通用しませんよ。地球で生きている間は、「言わなければ、わからない」のです。

さて、赤ちゃんは、「言わなくても、伝わる」という次元が高いところから一転、肉体を持ち「言葉を使って、何かを伝える」という、宇宙から見れば〝非常に制限された状態〟に放り込まれることになります。

そのうえ、それまで軽くてどこに行くのも不自由していなかったのが、肉体を持ったおかげで重くて仕方ありません。

そもそも〝肉体の使い方〟がわからない!

この感覚は、宇宙飛行士が宇宙服を使いこなすまでに、相当訓練が必要なのと同じです。

寝返りの仕方もわからず、おなかがすいてもそれも伝えられない――。

赤ちゃんは、「おいおい、魂のときとだいぶ勝手が違うぞ……？」と、非常に困惑しているのです。

動きたくても動けない。

伝えたくても伝わらない。

この世界は、慣れるまで相当しんどそう……！

だから赤ちゃんは、手足をバタつかせてどうにか思いを伝えようとしますが、大人は「どうちたの～」なんて言いながら「わあ、かわいい」と頬をすりすりさせて抱っこするだけ。

「あの、そうじゃなくてですね……」と、内心、赤ちゃんが思っていたらどうでしょう？　「私は全部わかっているのです」と思いながらも、それを伝える術《すべ》がないから、大泣きするしかなかったとしたら？

そんなはずはないって？

でも実は、赤ちゃんの右脳の情報処理能力は、1秒間に1000万～4000万ビットと言われています。これに対して大人は、五感に入った1億ビットの情報を1秒間にわずか100～126ビットしか処理できないそうです。

もはや「次元が違う」ほど、赤ちゃんのほうが、大人よりも圧倒的に情報処理能力が高いのです。

4000万ビットもの情報処理能力のある赤ちゃんが、126ビットしかない大人に意思を伝えることができないのはなぜでしょうか？

脳の神経細胞のシナプスを形成する軸索《じくさく》にミエリン鞘《しょう》（髄鞘《ずいしょう》）がありますが、小さい頃は、その鞘ができていません。そのため、神経の伝達がゆっくりなので、ちょっとつねられても反応することができないと考えられていました。

要は、肉体としての脳がまだ未熟だということですが、しかし、だからといって、「赤ちゃんは、話がわからない」と決めつけるのは早計です。

赤ちゃんは、ちゃんとわかっている。

わかっているけれど、言語を習得するまでは伝える術がないだけです。歯がゆいと思っているのは、ほかならぬ赤ちゃん自身かもしれません。

赤ちゃんは「何もできない」のではなく、実は、大人よりもはるかに「わかっている」存在なのではないかと私は思っています。

「赤ちゃんは、笑わない。笑っているように見えるだけ」と言われたり、「笑っているように見えるのは原始反射と呼ばれるもので、赤ちゃんがお母さんにかわいいと思わせる高度な戦略だ」などと言う人もいますが、赤ちゃんが本当に笑いかけているのだとして、何か問題はありますか？

むしろ、嬉しくないですか？

赤ちゃんは自ら笑っているのに、お母さんに「笑っているみたい」なんて言われたら、「この人たち、笑ってることもわからないの⁉　こっちはミエリン鞘ができるまでしゃべれないんですけど、どうしたら伝わるの⁉」と頭を抱えているかもしれません。

大人は意思の伝達は言葉でしかできませんが、赤ちゃんはノンバーバルコミュニケーションといって、表情やしぐさ、体温などのさまざまな非言語を使って伝えています。

このことをテレパシーと呼ぶ人もいます。たしかに肉体になる前、魂の状態のときは光のようなものですから、まさにテレパシーで交信していたとも言えます。

テレパシーがまったく通じない〝鈍化した大人〟を相手にしなければならないのだから、赤ちゃんが愕然《がくぜん》とするのもわかる気がします。実はそれに絶望しているのか、生まれたときから〝諦めモード〟の赤ちゃんも、実際にチラホラ見かけます。

おなかの中にいる赤ちゃんに話しかける

これからお母さんになる人に、私がいつも言うのは、「妊娠がわかったその日から、おなかの赤ちゃんに話しかけてくださいね」ということです。

おなかにいる10か月間は、赤ちゃんにとって永遠とも思える長さです。話しかけないということは、その間、ずっと無視し続けることと同じです。

赤ちゃんの中には、お母さんの他人に対するイライラを、自分に対してだと勘違いしてしまう子もいます。たとえば、お母さんがお父さんとケンカして怒ったとき、赤ちゃん自身が怒られたと思い込んでしまうことがあるのです。

お母さんが誰かとケンカをするたびに、自分が怒られている……と思い込んだ赤ちゃんは、どんな気持ちで生まれることになるでしょう。

でも、「昨日、パパとケンカしたけど仲直りしたよ」「あなたのせいじゃないからね」

と話しかけてもらっていたら、それだけで安心できるのです。

産婦人科医として、これまでたくさんの赤ちゃんを見てきた実感としては、おなかの中でたくさん話しかけられて生まれてきた赤ちゃんは、大人と同じように「何でもわかっているぞ」という顔で力強い目をしています。そして、よく笑います。

おなかの中にいるときから、「よく来てくれたね」と話しかけてもらえたら、赤ちゃんは単純に、すごく嬉しい。「この世界は、どうも居心地がよさそうだ」と思えたら、安心して生まれることができるのです。


おなかの中にいるときから赤ちゃんに話しかけるのは、違う見方をすれば、「あなた（赤ちゃん）のことを尊重していますよ」とお母さんが意思表示しているとも言えます。

赤ちゃんには、赤ちゃんの意思がある。それを、わかろう、読み取ろうとしてくれていることが伝わるから、嬉しいのです。

生きるうえで、「尊重されている」と実感できるのは、とても大切な

ことです。

3歳ぐらいまでに自分が十分に尊重されていると思えなければ、それ以降の成長に支障が出てしまうからです。

通常、3歳から小学校の低学年ぐらいまでに「自分も大事、相手も大事」ということを学んでいきますが、その前までに、自分が尊重されている実感が持てない子どもは、相手を思いやる感情が出てきません。

ならば反対に、赤ちゃんの頃、最大限に尊重されたらどうなるでしょう？

そんな興味深い話が、『マジカル・チャイルド育児法』（ジョセフ・チルトン・ピアス著／日本教文社）という本の中に書かれています。

戦後、フランスの研究者、マルセル・ジーバーさんがユニセフから委託されてウガンダの生後2か月までの赤ちゃん300人を調べたところ、驚愕の事実が発覚しました。

その頃、ウガンダの赤ちゃんは、母親自身の手による自宅出産でした。

お母さんは分娩の5分前まで家の周りで働き、出産1時間後には再び外に出て、親戚や近所に生まれた赤ん坊を見せて回ったそうです。

これだけでも驚きますが、お母さんは24時間赤ちゃんと一緒です。

絶えず赤ちゃんをマッサージし、なでて、歌を歌って慈しみます。

連れて歩くときは、裸の胸に吊り帯をつけて、そこにおしめをつけずに赤ちゃんを入れます。赤ちゃんは、そこでいつでもおしっこもうんちもします。そして、ほしいときにおっぱいを飲むこともできます。

母と子の絆作りで重要なのは、①お母さんの体に常に密着させ抱擁すること、②長時間見つめ合うなど安定したアイコンタクトをとること、③笑いかけること、④声であやすことを、同書では挙げていますが、ウガンダのお母さんはいずれもクリアしていました。

こうしてお母さんと強い絆で結ばれた赤ちゃんがどうなったかというと、なんと生後2日目には前腕を支えてあげるだけで、まっすぐおすわりができたのです。

背筋はピンと伸び、首も完全に据わり、目は自分の意思と知能で母親をしっかり見据えています。

さらに、生後１か月半〜２か月（生後６〜８週目）で、すべての赤ちゃんがハイハイしました。普通の赤ちゃんは８か月前後でハイハイがはじまりますから、どれほど早いかわかります。

また、おもちゃを見せたあと、それを隠したら取りに行くかどうか、という実験では、ウガンダの子どもは６〜７か月で取りに行ったそうです。

欧米の子どもたちは１歳半ぐらいで取りに行くことが多いそうで、それと比べると１年近くも早いことになります。

ほかにも、ウガンダの赤ちゃんはいつもニコニコしていて、めったなことでは泣かないというのも大きな特徴でした。

なぜ、泣かないのでしょうか？

答えは、簡単。ストレスがないからです。

ストレスを感じたときに出るコルチゾールという副腎皮質《ふくじんひしつ》ホルモンを調べたところ、

その数値はどの赤ちゃんもゼロだったそうです。

お母さんとの絆が強い子どもは、生きることへのストレスが少ないと言えるでしょう。おそらく、生まれる前、お母さんのおなかの中にいるときから、お母さんと赤ちゃんのコミュニケーションも良好だったと思います。

この話は、人間が最大限に尊重されると、ストレスフリーに育ち、成長が著しいことを物語る好例です。

だからこそ、赤ちゃんとの絆づくりの第一歩として、日々赤ちゃんに「おなかに来てくれて、ありがとう」「大きくなったね。ありがとう」「もうすぐ産まれるね。待ってるよ」などと話しかけ、大切にしていることを伝えてほしいと思います。

余談ですが、現在のウガンダは病院で産むのが普通になり、他国と比べても赤ちゃんの成長の度合いはかわらなくなってしまったそうです。医療の発達は素晴らしいことですが、この点はなんとも残念な話です。

魂は、愛そのもの

魂は、ある。

私は、これまで３５００人以上の子どもたちに胎内記憶についての話を聞き、「魂は、間違いなくある」と思うようになりました。

なぜなら、胎内記憶の話を聞く中で、お母さんのおなかの中の記憶ではなく、おなかに宿る前の記憶を持つ子がたくさんいることを知ったからです。

「お空の上ってどんなところ？」と聞くと、「光だったよ」と教えてくれる子もたくさんいます。

この本で協力してくれたすみれちゃんは、神様だったときのことを詳細に覚えているので〝当時〟のことを詳しく聞き、いろいろなことを教わりました。

こうした話を総合したうえでの私の想像ですが、魂の状態でいる宇宙は、感覚的にたとえると、**幸せしかないところだと思います。**

魂とは、「目に見えない意識体」というお話をしましたが、**意識体とは、「愛」。愛そのものです。**

肉体がない魂だけの状態のときは、愛しかない。

だから、「いる」だけで、ただただ嬉しかったんですよ、「超ハッピ〜！」って。

それは普通の人間では経験できないほどの歓喜そのものの世界だそうです。

いずれにしても、魂のときは愛しかない、幸せいっぱいの世界でした。

愛そのものだから、お母さんのおなかに宿るときもハッピーなお母さんのところに行きたいと思うし、ハッピーじゃないように見えるお母さんがいたら、ハッピーにしてあげたくなるのかもしれません。

ところが、魂はそう簡単に人間になれるわけではありません。

確率的にたとえるなら、ユニバーサル・スタジオ・ジャパン（ＵＳＪ）に１人しか入場できないところに、１万人が殺到する。それぐらい、この世に生まれるのはすごくラッキーなことなのです。この世に来たくても来られない魂がわんさかいるのです。

そんな狭き門をくぐり抜けて、やっとの思いでお母さんのおなかに無事に宿り、物質化して人間として生まれてきます。

「さあ、この世を謳歌するぞ！」と意気揚々としていた赤ちゃんですが、成長するにつれ、どういうわけかどんどん不満や不安を抱いてしまいます。

親とケンカばかりする、友達とうまくいかない、勉強ができない、やりたい仕事が見つからない、結婚できない……など人生のアラばかり見えてきて、あれもこれも自分には足りないような気持ちになり、延々と悩み続けてしまう人は多いものです。

「私の人生、ちっとも幸せじゃない。こんなはずじゃなかった」

愛そのものだった魂なのに、どうして人間になると、こんなふうに人生思い通りにならない……と感じてしまうのでしょうか。

魂の重さは50グラム

ここで、ちょっとおもしろい話を紹介しましょう。

「魂に重さはあるのか?」について、実験した人がいるのです。

それは科学者でもあり、発明を生業としてきた高島良次さん。彼は、心のしくみを書いた著書『魂＋魔法力』(光の風)の中で、魂の重さを測定する実験をしています。

実験に協力したのは、成人のご婦人でした。細かい実験内容はここでは割愛しますが、起きているとき、寝ているときの体重を計測したところ、寝ているときは、体重が150グラム減っていることがわかりました。

頭部、胸部、脚部それぞれの重さも測定しているのですが、減っていたのは胸部のみ。


魂は、胸部、つまりハートに宿っているのかもしれない——と仮定すると、ワクワクする話です。

高島さんは、生まれたばかりの赤ちゃんも測定しています。

実験当時、生後60日だった高島さんの孫娘の起きているとき、寝ているときの体重をそれぞれ測ったところ、やはり寝ているときの体重は、起きているときと比べて50グラム減っていることが判明しました。

乳児の体重は１日に40〜50グラム増加するので、その自然増などを補正したうえでも、50グラムの体重減少が認められたそうです。

赤ちゃんも大人も、寝ているときは魂分の重さが抜けている。

それが本当なら、寝ているときの魂は、肉体を抜け出してつかの間、宇宙に帰っているのかもしれません。

それはさておき、今まで非科学的な範疇で語られていたことが、実は物理で説明できるかもしれないと思うと、高島さんの実験はとても意欲的です。

悩みって、そういうこと⁉「ゴミ理論」

高島さんの実験結果にヒントを得て私が考えたのが、「ゴミ理論」です。

成人の大人の魂の重さ150グラムから、乳児の魂の重さ50グラムを引くと、100グラムです。

この100グラムが、高島さんの言うところの「現在意識（顕在《けんざい》意識）」で、これを私は、魂についたゴミだと解釈しました。

魂に、ゴミ？　と思われるかもしれません。

そう、ゴミがつくのです。

ゴミは受精した瞬間からくっつきはじめます。肉体に宿った時点でつきはじめるのです。

ゴミとは、「我《が》」と考えるとわかりやすいかもしれません。

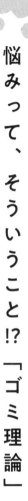

「我」は、名誉や地位、あるいはお金、他人からの評価などを気にすると増えていきます。

たとえば、子どもが道端に落ちていたゴミを拾って捨てたとします。この時点では、子どもは、「拾いたいから、拾った」だけです。

けれど、それをたまたま見ていた先生に「君はゴミ拾いしてえらいね」と褒められたとします。すると、「ゴミを拾うと褒められるのか。また褒められたい」と思い、今度は、先生が見ているときを見計らって、わざとゴミを落として拾ったとします。

これが、評価を気にする「我」からくる行動です。

負けた、悔しい、イヤだ、つらい、不安だ、夫とケンカした、あの人が憎い、お金がない、認めてくれない……。「我」を挙げたらキリがありません。

「我」というゴミがいっぱいつくから、「なかなか思い通りにならない。どうして私の人生は、こんなに不幸せなの？」と思うわけです。

お母さんが子育てでつまずくのも、本人も気づかないうちに「我」で行動してしまうからです。「人から認められなくちゃ、ダメだ」とどこかで思っている人は、自分や夫の両親から「すごいね」とか、夫から「よく頑張っているね」と言われたい。つまり「いいお母さんだね」と認められたくて子育てをしています。

「あなた（子ども）のためなのよ」と言いながら、結局のところは、お母さん本人が褒められたいだけ。

自分の損得のための子育てであり、愛という名の執着の子育てをしていることになりますから、子どもはそれを敏感に察知して怒るのです。

お母さんだけではありません。

権威にすり寄ってのし上がったり、他人の苦労なんかどこ吹く風で、私利私欲に走ってお金儲けをしている人の魂はゴミだらけ。

２０１８年に立て続けにクローズアップされた、日本大学アメリカンフットボール部や日本ボクシング連盟などスポーツ関連の不祥事も、トップのゴミがよく見えました。「俺が、俺が」というのがまさにゴミと言えます。

人は、権力や立場を与えられると歯止めがきかなくなるというのは、スタンフォード大学の有名な実験からも明らかです。

1971年、スタンフォード大学心理学部が、「普通の人が、特殊な肩書きや地位を与えられるとどうなるか」という実験をしました。

実際の刑務所に近い設備を作り、大学生など被験者21人のうち11人を看守役に、10人を受刑者役に分けて演じさせたところ、看守役は次第に威圧的になり、受刑者役は罪人のようになっていったそうです。あまりに危険だったため、2週間の実験予定が6日で中止されました。

名誉や地位、お金に執着したり、人からの評価や他人の目を気にしすぎると、魂にどんどんゴミがつき、重くなります。そんな魂を抱えていたら、生きにくくなるのは当然です。

魂からの行動は、愛の行動

困っている人がいるから、力になりたい。
誰かのためにしてみたら、気持ちがよかった。
お金があろうが、なかろうが、やりたいことをやる。

これが魂からくる行動です。

「やりたいから、やる」が基本です。

「困っている人を、助けた」という行動も、「我」から行動する人は、「相手に褒められたいから」「認められたいから」助け、魂から行動した人は「ただ助けたかったから」ということです。同じ行動に見えても、その本質はまったく違います

なぜなら、魂からの行動は、「愛の行動」だからです。

小さな子が、友達にお菓子を半分分けてあげているのを見ることがありますが、あれは、まさに愛の行動です。

でも、大人になるにつれ、「損をするか、しないか」と考えたり、「いらない」と言われたらどうしようと不安になって言い出せなかったり、実際にそう言われると、「親切にしてあげたのに、断るなんてひどい」と相手に対し怒り、ひどく傷つくのです。

ここでおもしろいのは、傷ついているのは、「我」であり、魂ではないということです。

魂は傷つきません。その周りのゴミという名の「我」が傷ついているだけなのです。

魂が、金庫に入っていると思ってみてください。

生まれてからしばらくは、魂の入った金庫は開かれていて、出入りは自由。あちこち飛び回ることができます。

しかし、１歳になり、10歳になり、20歳になり……成長するにつれ、扉は少しずつ閉じていき、ついにバタンと閉まってしまいます。

魂はすっかり自由を失った状態です。その結果、「我」だけで考えたり行動するようになり、そしていつの間にか、「我」が自分だと思い込んでいくのです。

でも、「我」はあなた自身ではありません。魂こそが、あなたです。

再び金庫を開けて魂の自由を取り戻すために、何をしたらいいでしょう。

座禅を組んだり、滝に打たれたり、呪文を唱えたりと、人によってさまざまでしょう。

けれども、そんな面倒なことをしなくても、開けるのはとても簡単。

「魂は、ある」と魂の存在に気づくだけでいいのです。

それを自分で認められると、行動の一つひとつが魂の声によるものなのか、「我」の声によるものなのかわかるようになっていきます。

ほどよいゴミ（我）は、人生を楽しむスパイス

誤解しないでほしいのですが、「我」そのものは、決して悪いわけではありません。

空の上で、「超ハッピ〜！」だった魂は、実はけっこう退屈なのです。

というのも、幸せなのに、幸せを実感できないからです。幸せを実感できるのは、不幸せを経験するからこそ。日曜日がワクワクするのは、それ以外の休めない日があるからです。毎日が日曜日だったら退屈しませんか？

それと同じで、魂も「ちょっと刺激がほしいな」「何か体験したいな」と思っても不思議ではありません。

そうして人間になって生まれ、「我」を得ることで、喜怒哀楽を感じることができます。「我」があるからこそ、日々が彩られるという側面もあるのです。

人間だからこそ、「我」を味わうことができる、というわけです。

その意味では、夫婦や親子は、ゴミをつけ合うのに最適な組み合わせです。

「まったくこの人は！」と夫にムカッとすると、ゴミがつく。「どうしてこの子は、私の言うことを聞かないのかしら」と子どもにイラッとすると、ゴミがつく。

夫も、「ガミガミ言ってきて腹立つなあ」と妻に怒ってゴミがつき、子どもは、「なんでお母さんは、あんなに自分の意見を押しつけてくるんだろう」と不満に思ってゴミがつく。

お互いにゴミをつけ合うからこそ、いろんな感情を体験できるのです。

ただし、ゴミは、つけすぎると重くなります。

こう言うと、「ゴミをつけないようにするには、どうすればいいですか」と聞かれます。「ゴミはつけてはいけない」と、修行してゴミを落とそうとする人もいます。

でも、ゴミはなくなりません。「ゴミを取ろう」とする欲もまたゴミだからです。

そうではなくて、「ゴミはつく」という前提で、落とそうとするのではなく、魂とゴミ（我）とのバランスをいかにとるかを考えればいいのです。

魂をヘリウムの入った風船だと想像してみてください。

ヘリウムの入った風船が、魂。

その周りについているのが、ゴミ。

ゴミがつきすぎると重くなって風船は沈むけれど、風船を膨らませばゴミがついたままでもフワフワ浮きます。

ということは、どんなにゴミがついても、風船をどんどん膨らまして、浮かせればいいのです。

風船（魂）を膨らます秘訣が、「感謝すること」です。

感謝すると、風船についたゴミは減らなくても、風船そのものがどんどん膨らむので、決して沈んでいくことはありません。ゴミがどんなに多くなっても、感謝をいっぱいすれば風船（魂）はバランスはよく浮いていられるのです。

どんなゴミでも、そもそも物質化して人間としてこの世に生まれてこなければ、身につけることはできません。

そう思えば、肉体を持ったこと、それだけでも、「ありがとう」と感謝の対象になると思いませんか？

今、肉体があって、それを動かせること。

息ができること。

歩けること。

笑えること。

匂いを感じられること。

ごはんを食べられること。

人と話ができること。

朝が来て、夜になって、また朝が来て、それを感じられること……。


人間になったから、この世を感じることができているよ。嬉しいな。

ありがとう。

こんなふうに、小さなことから感謝する気持ちを持ってみてください。

ほどよいゴミを持つことで、幸せをたくさん実感できます。

でもつけていいゴミは、１００グラムまでですよ。それ以上ついたら風船は沈みますから。

最近、ゴミが重くなってきたなと思う人は、感謝の気持ちを持って魂を膨らましていきましょう。

第2章

いろんなことを経験したい！

対談　すみれちゃん×池川

陰と陽の調和が大切

池川　魂は、みんないつかは神様になりたいのかな。

すみれ　神様になりたい魂もいれば、魂のままでいいって子もいる。

池川　魂のままでいいって子は、そのほうが楽しいから？

すみれ　ん〜。楽しさはそれぞれ違うけど……。

池川　そんなに楽しいなら、わざわざ地球に来なくてもいいのにって思わない？

すみれ　「上（宇宙）」で感じることと、「下（地球）」で感じることは違う。

池川　リアル感があるんだね。飛行機のフライトシミュレーターに乗るのと、実際の飛行機に乗るのは違うもんね。すみれちゃんは地球に来て、上の世界とずいぶん違うなと思ったことはあった？

すみれ　それはあんまりなかった。何回か降りてきていて、違うことを知ってたから。

池川　すみれちゃんは、何回も降りているんだね。

すみれ　うん。**でもほとんどの人が、何回も降りている。**

池川　みんな、覚えていないだけで生まれかわっているんだね。だったら前世の記憶を引き継いでいると思っていいの？

すみれ　うん！

池川　すみれちゃんは、歌がすごくうまいけど、もしかしたら歌手の時代があったのかもしれないよね。だから練習なんてしなくても、上手に歌えちゃう。でも、多くの人は、前世の記憶を忘れちゃうよね。せっかくの素晴らしい経験があるのに、どうして忘れちゃうんだろう？

すみれ　なんとなく覚えている人もいるし、本当に忘れちゃっている人もいるし、覚えている必要がないって人もいる。

池川　私の知り合いで、前世の記憶を持っている人の中には、「忘れないようにしようと思っていたから、覚えているんです」って言う人もいれば、「普通は忘れるんだけど、忘れる木の実を食べるのを忘れちゃったから、覚えているんです」って言う人もいるよ。

すみれ 忘れるっていうよりも、ほかの情報が入ってきちゃって、抜けるみたいな感じ。

池川 新しい情報のほうがインパクトがあるから忘れちゃうよね。でも昔の経験を覚えていたほうが生きやすそうだけどね。ところで、神様や魂のいる宇宙には、ルールってあるの？

すみれ **強いて言えば、つらく生きないこと。**

池川 宇宙にいて、つらいことってあるの？

すみれ 神様も魂も、宇宙にいる存在全員、病気になったり、風邪をひいたりする。ごはんも食べるし。

池川 おもしろいね。**肉体があるかないかの違いだけで、魂の世界は人間の世界とそっくりってことか。**

すみれ うんうん！　ケンカもする。

池川 ケンカ？

すみれ　そう、口ゲンカみたいな。でも手とか足とかはないから、何もできないけど。

池川　何が原因なの？

すみれ　いろいろあるかな。お母さんを選ぶときとか。

池川　「私のほうが先！」みたいな？

すみれ　そうそう。人気のお母さんがいると、「僕が行くんだ〜！」みたいな。

池川　お母さんを選ぶときは、「あのお母さんがいいです」って、神様に許可をもらって地球に降りてくるの？

すみれ　うん。ただ、「上」の世界の居心地がよすぎてずっと降りてこない子もいるから、そういう魂には、神様や天使さんから、「降りたら？」って、お母さんを選んでもらう子もいる。

池川　そうなると、自分で地球に行きたい子はお母さんを選べるけど、行きたくない子は、あてがわれたお母さんになるのかな。

すみれ　ううん。神様や天使さんは、その子に合うお母さんを選ぶ。そしてそのお母さんでいいって言う魂もいれば、ほかのお母さんがいいって言う魂もいる。

だから結局、自分で決められる。

池川　ぜんぶ自分の意思でできるんだね。不妊治療をしているお母さんの中には「私は選ばれないダメな女なんだ……」って落ち込んでしまう人がいるけど、すみれちゃんはどう思う？

すみれ　赤ちゃんをなかなか授からない人でも、だいたいは魂から選ばれてはいる。だけど、その人が産むことを怖がっていると、魂はそれがわかっちゃうから、「この人は産みたくないのかな？」って勘違いしちゃう子もいる。お母さんになる人に恐怖があると、魂がおなかの中に入ったとき、その恐怖がストレスにかわっちゃうから。

池川　お母さんのストレスは、魂も感じるんだね。

すみれ　うん。子宮の状態がよかったのに、悪くなっちゃったりとか。お母さんに恐怖があってもいいんだけど、「恐怖はあるけど、私は産みたい」って表現しないと。

池川　どう表現したらいいの？

すみれ　（両手を広げて）いつでも、おいで!!

池川　なるほど〜。「こういう子がほしいんです」ってオーダーするのは、あり？

すみれ　うん。**ただ魂は「誰でも愛せるよ」っていう人のところじゃないと行かれないから。**

池川　どんな子でも愛せるお母さんじゃないと選ばれにくいんだ。

すみれ　うん。

池川　そうやって生まれることで、魂はどんな経験をしたいのかな。

すみれ　すごい経験をするために、本当につらい人生に飛び込む子もいるし、「生まれることが経験だ」って、それだけを思ってラクな人生を生きる子もいる。ラクって言っても、どの人生もつらいことはあるけどね。

池川　悪い魂ってあるの？

すみれ　うん。悪い神様の国があって、悪い神様と悪い天使さん、悪い魂が住んでいる。そこは「悪いこと＝いいこと」みたいな。悪いことをすると、褒められるようなところなんだけど。

池川　そりゃ、悪魔が人助けするいい人だったら怒られるよね。

すみれ　「何してんだ!」ってね。

池川　でも、その「いけない」とか「いい」とかは、誰がジャッジするんだろう?

すみれ　悪い魂だったら、悪いことがいいことだと思っちゃうし、いい魂だったら、悪いことは悪いことだと思うし。要は、その魂の感覚というか。

池川　魂が持っている価値観ということ?

すみれ　うん。

池川　その人がいいと思えばいいし、悪いと思えば悪い。神様的には、いい魂も悪い魂も、それぞれが自分の意思を持っているってことかな。

すみれ　悪い神様のいる国の魂は、いい神様のところには行かない。だって、本当はいいことが悪いことって思っちゃっているからね。だから、自分の意思というよりは環境……というか。

池川　いい国、悪い国って便宜上分けているけど、「考え方の違う存在がある」って意味かもしれないね。地球にたとえれば、日本という国もあれば、アメリカヤイギリスという国もあって、それぞれ考え方が違うって感じだね。

すみれ　そうなると、宇宙の役目は、何だろう。その違いをなくすのが目的？　それとも、違いはあるけど、調和していこうっていうのが目的？

池川　うん。陰と陽みたいに「いい」も必要なんだけど、ときには人を嫌ったりしてもいいっていうか。「いい」ほうだけだと、本当に人を信じ込んじゃう。

すみれ　本当に信じ込んじゃまずいの？

池川　うん。ストップがかからない。陰の「え？　これ、大丈夫？」みたいのがなくて、陽だけだと、「ああ、そうなんだ！　すごいすごいすごい！」ってどんどん行っちゃって……。

すみれ　**自分で判断できるようになるために陰と陽があって、ちゃんと自分でジャッジしていくことが大切なのかな。**

池川　うん。世の中には陰が多い人と、陽が多い人がいるけど、みんな調和していくことが大切なんだね。

魂は、経験したくてこの世にやってくる

魂の状態は、愛そのもの。幸せしかないというお話をしました。

では、なぜ物質化して人間としてこの世を生きるのでしょう？

宇宙が愛と幸せに満ちあふれているなら、そこでのんびり楽しく暮らしているほうが楽しそうです。それをわざわざ大変な倍率をくぐり抜けてお母さんを選び、やっとこの世に降りてきたと思ったら、「こんなはずじゃなかった」という思いをたくさんする。

「それでも、この世に来る理由は？」と尋ねると、こんなふうに答えてくれた人がいます。

「魂は、成長するためにこの世にやってくるのではないでしょうか？」

たしかに、生まれかわるたびに成長していくのなら、聖人君子に近づいていくよう

な気がしますね。

でも、私は、魂は成長しないと思っています。

だって、本当に成長し続けているなら、戦争はとうになくなっているはずで、虐待も減っているはずです。でも歴史を紐解いても戦争は繰り返され、いっこうに減る気配はありません。ニュースに出ていないだけで、常に世界中のどこかでテロや戦争、内紛は起こっています。

個人レベルで見ても、前世で仲が悪くていがみ合っていた親子が、今世でもまた親子になりいがみ合っているという話を聞いたことがあります。

「来世では、結ばれよう」と泣く泣く今世で別れた恋人と、来世で本当に会えたとしても、やっぱりまた泣く泣く別れる。そんなケースもたくさんありそうです。そう考えると、全然成長していないようです。

でも、そもそも魂は成長する必要があるのでしょうか。

「成長しなければ」と思うと、何かを成し遂げなければいけない、常に頑張り続けないといけないという気持ちになります。

もっともっとお金がほしい、あの人より成功したい、有名になりたい、認められたいと「我」も出やすくなり、それは際限がありません。

1章でも触れた通り、「我」をつけるのは悪いことではありません。「我」というゴミがあるからこそ、魂では経験できない感情を体験できるからです。

私は、魂がわざわざ人間として物質化する理由は、これだと思います。


魂は、ただ経験したくてやってくる。

「成長するため」ではなく、「経験するため」にこの世にやってくるのです。

私たちは、つい「魂を成長させなくちゃ」「立派な人間にならなくちゃ」と思いますが、経験するために生まれてきたとするならば、「今のままでいい」「生きているだけで、みんな何かしらの経験をするからそれでいい」ということになります。そう考えると、もっと自由に生きることができませんか？

すみれちゃんと対談したとき、「魂は成長するためではなく、経験するためにこの世に来ているんじゃないかな？」と尋ねたら同意してくれて、さらにこう続けてくれました。

「普段の生活が、経験になる。食べることも経験だし、お箸を持つことも経験だし、ドアを開けることも経験」

これなら、誰でもやっていますね。朝、起きてから出かけるまでの間を思い返してみても、たくさんの経験をしています。

朝、起きたこと。

顔を洗ったこと。

ゴミを捨てに行ったこと。

テレビをつけたこと。

コーヒーを入れたこと。

トーストを焼いて、お皿に載せて食べたこと。

片づけたこと。

着替えたこと。

出かけるしたくをしたこと。

玄関のドアを開けたこと……。

いつも当たり前にしているから「些細《ささい》なこと」と片づけてしまうことばかりですが、何もかも経験の一つに数えられるのです。そう考えると、気張る必要がなくなります。


人はみんな同じようなことをしていても、それぞれで違う経験をしています。まったく同じ経験をする人はいません。生まれた時間や場所、誰から生まれたのかを考えただけでも全員違うからです。

スタートがそもそも違うから、どんなに似たような経験をしたとしても、トータルで考えれば、世界でたった一つの完全オリジナルの人生にしかならないのです。

こう言うと、今度は、「私はたいした経験をしていない」「なるべくたくさんの経験をしなくちゃ」と無理に行動しなければと思う人もいるかもしれませんが、いろいろなことができるチャンスがありながら、「なーんにもしなかった」というのも、立派な経験です。

つまり、私たちは、**生きているだけで、オールＯＫ。**「生きているだけで丸儲け」ということです。

魂が、お母さんを選んでいる

「人間になって、いろんな経験をしたい」

魂がそう決心したあとの最初の大仕事は、どのお母さんから生まれるかを決めることです。

妊娠は、卵巣から排出された卵子が卵管を通る間に、約1億匹の精子のうち、たった1匹と受精し、子宮に着床することで起こります。

医学的見地から考えれば、そこに〝魂の意思〟が入る余地はないように思えます。

しかし、私がアンケートなどで聞き取り調査をした3500人以上の子どもたちのうち、かなりの数の子がお母さんのおなかに宿る前の記憶、「中間生記憶」を持っていました。

いったい、魂のときは、どこにいたのか。

もはや医学や科学では説明のつかない領域です。
ちょっと子どもたちの話を聞いてみましょう。

「僕ね、雲の上にいてね、あー、あそこの家がとってもいいな、お兄ちゃんたちがいていいな、行きたいな、と思ってたんだよ。**だから僕、ここへ来たんだよ**。来てよかった」

「空の上にはこんな小さい子どもがいっぱいいて、これくらいの大きい人がお世話してくれてて、小さい子どもたちは空の上から見てて、あの家にするって降りていくんだ。で、僕も**お母さんのいるところに決めたんだ**」

「**生まれることは自分で決めて、神様に教えに行く**。

神様はダメって言わない。
同じお母さんを選ぶときは、一緒に決める子もいる。
双子になることもある」

「僕がお父さんとお母さんを選んだ。
知らないおじさんと空中に浮いてたら家の中から笑い声が聞こえてきて、
そのおじさんがこの家でいいかと聞いたので、僕はいいですって答えた」

「生まれる前、雲みたいなところにいたのを覚えている。
光が当たり、ピンク、緑、白の色が混じったボールに乗っている感じだった。
フワフワしていて気持ちがよかった。
友達と一緒にいると、大王のような人に『誰がいい?』と聞かれ、
お母さんを選んだ」

お母さんのおなかにやってくる前にいた場所は、雲や空の上だったり、宇宙だったり、天国のような場所だったり……。

共通しているのは、どの魂も例外なく、自らお母さんを選んでいること。

子どもたちの証言通り、神様やそれに近い存在が「あのお母さん、どう？」とナビゲートしてくれることもあるようですが、その場合も、最終的にお母さんを選んでいるのは、自分であることがわかります。

どの魂も、自分でお母さんを選んでやってくるのです。

お母さんを選ぶ決め手になったのは、「優しそうだったから」という理由が圧倒的に多く、次いで「寂しそう（かわいそう）だから」助けたいと思って選んだ子、そして数は少ないですが、「自己実現するために最適なお母さんだったから」選んだという子もいます。

この話をすると、よく「虐待される子どもはどうですか？　虐待する親を選ぶ子どもなんていませんよね？」と聞かれます。

虐待された親のもとで育ったある人に、「なぜ、虐待する親を選んだの？」と聞いたら、「お母さんに、『幸せ』の文字が見えなかったから。だから、自分なら幸せにできると思って選んだ」と答えてくれました。

でも、いざお母さんのおなかに宿ってみたら、お兄ちゃん2人も虐待されていました。「自分よりもハイスペックなすごいお兄ちゃんがこんな目に遭うなんて！　とても私じゃ無理〜」と思って、魂に戻ろうとしたのだけど、結局、生まれてしまったという話をしてくれました。

結局、その人は母親にずいぶん長いこと虐待され、成長して自分が親になってからも、自分の子どもを同じように虐待してしまったそうです。

でもある日、家族写真を見たとき、虐待していた子どもの目の奥に、慈悲の光が見えたそうです。そのとき我に返り、一気に改心しました。

そして、「今まで、さんざんひどいことをしてきたね。ごめんね」と子どもに謝ると、

「いいんだよ、お母さん。お母さんは、自分がしていることがいけないことだって、いつかわかるって、僕は信じていたから。必ずわかるって思っていたから、わかってくれてよかったよ」と子どもは言ったそうです。そして続けて、「お母さんが悪いわけじゃないんだよ。でもね、ダメだとわかったら、これからはやっちゃダメだよ」とつけ加えたそうです。

その子は当時、まだ5歳ぐらいでしたが、なんと真理を突いた言葉でしょうか。

子どもが虐待するお母さんを自らの意思で選ぶというのは、常識ではなかなか理解しにくいことです。

でも、その可能性があると信じるなら、虐待するお母さんのところに危険を顧みずにやってきた子は、お母さんを幸せにしたくて、愛を伝えたくてこの世界に飛び込んだ子です。

虐待しているお母さんは、自分が虐待しているという自覚がない人が多いのですが、それでも、どうにか伝えようとやってきた、優しくて、勇気があって、たくましい子です。

子どもに手をあげてしまうお母さんが、「うちの子は、自分を助けようとして生まれてきたんだ」と少しでも思えたら、手を出す前に躊躇《ちゅうちょ》して、虐待をストップできるかもしれません。

私はこうした考えが、頻発する悲しくてやるせない虐待事件の軽減につながるのではないかと思っています。

魂にとって、この世はテーマパーク

魂は自分で親を選びますが、「こんな人生で、このぐらい生きよう」という〝大枠〟も、自分で決めてやってきます。大枠ですから、予定変更も起こり得ますが、「だいたいこんな感じ」というのはそれぞれの魂が持っています。

魂にとってこの世は、未知の世界に遊びに行く感覚です。

だから私は、これをテーマパークになぞらえて話すことがあります。

テーマパークに行くとき、ジェットコースターだけは絶対に乗りたい！　と思う子もいれば、メリーゴーラウンドみたいな優しい乗り物ばかりを選ぶ子もいます。またあれもこれも全部乗りたいという子もいますよね。

魂もそうで、テーマパークという人生を歩もうと決めたとき、浮き沈みの激しいジェットコースターのような人生を望む子もいれば、平穏な１日を積み重ねたい子もいるし、どんな経験でも全部したいという、好奇心旺盛な子もいます。
『地球の歩き方』というガイド本が宇宙にもあると想像してください。

慎重派の魂は、生まれる前に、「ふむふむ、日本はアジアの島国で、お金の単位は『円』で、47都道府県あって……」という事前情報をたくさん勉強してくるでしょう。準備万端でこの世にやってきます。

一方でアクティブ派の魂は、「そんなの面倒くさい〜。さっさと行こう！」と、まるで小さなバッグ一つで旅立つ『男はつらいよ』の寅さんのように、身軽にこの世にやってきます。

これは魂それぞれの個性も大きく影響すると思いますが、生まれかわりの回数にもよると言えます。

はじめて生まれかわる魂と、100回生まれかわっている魂がいるとしたら、当然100回地球を経験した魂のほうが、場数を踏んでいますから慣れているはずです。

100回生まれかわっている魂は、テーマパークに入ったとたんに「右に行けば、たしかジェットコースターがあった！」とスタスタと歩いていくでしょうけれど、はじめて生まれかわった魂は、まさに『地球の歩き方』を見ながら「こっちだっけ？　あっちかな？　あれれ、迷っちゃったかな……」とうろうろしてしまうでしょう。

この慣れが、人の個性として表現されたり、また生き方になるとも言えます。

もっとも何度生まれかわっても、この世に来るときはその記憶をきれいさっぱり忘れてしまう人のほうが多いでしょう。

有名なアメリカ人の予言者、エドガー・ケイシーを研究している光田秀さんにお会いしたとき、「モーツァルトやベートーベンのような偉大な音楽家の魂が、その記憶を忘れてドブ掃除をしていたり、レンブラントの魂がレジ打ちをしていることがある」と教えてくれました。

せっかくの前世の記憶（才能）がもったいない！　と思ってしまいます。

では、思い思いの経験をして人間としての人生が終わり、また魂になって宇宙に戻ったとき、宇宙ではいったい何をしているのでしょうか。

嬉々として、ほかの魂に地球にいたときの経験を教えてあげるのです。「エンパイア・ステート・ビルっていうのがあったよ」というように。

「いやいや、今の世界ではエンパイア・ステート・ビルはたいして高いビルじゃないよ。今いちばん高いのは、ドバイにあるブルジュ・ハリファっていうビルだよ」などと報告し合うのです。

これから人間になりたい魂にとって、地球から戻ってきたばかりの魂の話はホットトピックスです。興味津々に聞いて『地球の歩き方』を書きかえることでしょう。

都会があって、田舎があって、高層ビルがあって、田んぼがあるなんて、「いったいどんなワンダーランドなの!?　次こそ自分も経験したい！」と期待に胸を膨らます魂もいるはずです。

宇宙というのは、魂が体験してきた情報をもとに、すぐさま情報をバージョンアップしていくガイド本のようであり、知恵そのものなのです。

「１日だけ、地球を見たい」という魂

魂の中には、「人生１００年コースを体験したい子」もいれば、「ほんのちょっとだけ覗《のぞ》ければ、大満足な子」もいます。

ほんのちょっとだけこの世を経験したい魂は、もともとすぐに帰るつもりでやってきます。

それはたとえばテーマパークの入場券しか持っていないような魂です。テーマパークの入り口をちらっと覗くだけで満足し、さっさと宇宙に戻ってしまうのです。

あるいは、「１日フリーパス」、「年間フリーパス」などあらかじめ決めて、その期間だけ遊んだら「もう、十分」と宇宙に戻ってしまう魂もいます。

流産や中絶や死産、幼いうちに命を落としてしまう子などがこれに当たると思いますが、お母さんから見たら、これ以上悲しいことはないつらいことです。

でも、魂の視点から見れば、お母さんのおなかにいたこと、生まれてから短い間だったけれど世界を覗いたことは、それだけでも大冒険です。「地球を見てきたよ！」というのは、誇らしい経験なのです。

もう少し言うと、そういう魂は、「1日フリーパス」なら1日分のガイドブックしか持ってきていません。

1泊旅行と決めて来ていますから、その子にとっての「1泊」というのは、100年生きると決めた魂の「100年」と同じぐらいの経験なのです。

現世の視点からすると、「長生きは素晴らしい」「若くして亡くなるのは、かわいそう」という見方が大半かもしれませんが、魂の視点では必ずしもそうではないということです。

空の上で人間になりたくて待機している魂にとっては、お母さんのおなかに宿ることだけでもすごい確率です。たとえすぐに魂に戻ってしまったとしても、その経験は称賛に値するのです。

魂の記憶を持つ双子の妹さんに聞いた話ですが、空の上では長蛇の列を作って、この世に来る順番を待つそうです。

そのとき、神様らしき人に、石のようなものでできた通行手形を見せなければなりませんが、その通行手形が少しでも欠けていると、いちばん後ろに並び直さないといけないそうです。

先に並んでいたお姉さんが、その通行手形が欠けていたため、並び直さないといけないハメになりました。そこで妹さんは、「お姉さんの手形は欠けていたけど、私のは完璧だから一緒に生まれてもいいですか？」とお姉さんと相談して、無事に双子として生まれられたと言うのです。

ちなみに通行手形を出すのは、こちら側。つまり、現世にいるお父さん、お母さんだそうです。

お母さんのおなかに宿るだけでも、長いこと並んで、許可を得て、許可が得られなければまた最後尾に並び直して……と大変なのです。

ですから、たとえほんの少しの間だったとしても、この地球にやってきたということは、とてつもなく素晴らしいことです。

こうした話を流産して悲しんでいるお母さんにお伝えすると、「ほんの少し、心が軽くなった気がします」と言ってくださることがあります。

大切なのは、どの魂も、「自分で選んできて、自分の思った通りに生きている」ということなのです。

魂は、反省しない

空の上にいたときの記憶を持つチャイさんという女性は、**「人間になりたい魂は、人生のシナリオを書く」**と言っていました。

人生のシナリオの起承転結を書き終えたら神様に持っていき、ＯＫをもらえたら、そのシナリオを実行するためにふさわしい国や両親をピックアップしてもらって、そこから行きたいお母さんを選ぶということでした。

神様からは〝ダメ出し〟もされるらしく、いちばん多いダメ出しは、起承転結の「転」だそうです。

チャイさんはその「転」を考えるのが得意だったので、ダメ出しされた魂にアドバイスしたり、代筆することもあったそうです。

この話で私が注目したのが、起承転結の「結」です。

だって、死ぬときのこと、気になりませんか？

魂は、どんな結論を書くのでしょう。

すると**「全員、『幸』という文字を書きます」**と教えてくれました。


幸。

——完。


最期は、みんな幸せ。

それを聞いたとき、私は「なんだ。じゃあ、途中で何があったって、いいじゃないの」と心底思いました。

人生のシナリオのラストが、どんな人も「幸。完」だとしたら、**どんなに苦しく、つらい人生でも、死ぬときは、みんな幸せに死ねるということです。**それならば、「人生、何が起きてもどんとこい！」という気持ちになります。

もう一人、おもしろい話をしてくれた方がいます。チャイさんと同じように空の上の記憶を持つ若尾光子さんです。

彼女は空の上にいたとき、人間が死んだあとの「振り返り」のお手伝いをしていたそうです。

何を振り返るかというと、生まれる前に書いた人生のシナリオが、その通りにできたかどうかです。

すると、かなり多くの人が、生まれる前に思い描いていた人生のシナリオとは違う生き方をしているそうです。ディズニーランドで言えば、トゥモローランドに行くつもりが、アドベンチャーランドに行っちゃったという感じでしょうか。

その場合、反省して次の人生に活かすのでしょうか？

チャイさんはこう言いました。

「魂は、反省しない」

「え？」と思いませんか？

私たちの感覚からすると、「間違ったら、正すべき」と考えますが、魂は、全然違うようです。

「あれ？　違ってた？　ははは。まあいいや〜」

と、こんなノリらしいのです。

私たちはつい、何かを学びに来ているはずだ、魂は成長するはずだ、そのためには反省が不可欠だなどと思いがちですが、実態は全然違います。

魂にとって、人生は深刻なものではないのです。

魂は、反省しない。

成長もしない。

ただ、経験したいだけなのです。

そう考えると、「もっとラクに、自由に、楽しく、存分に人生を謳歌していいんだ」と思えてきます。

ただし、この話をすみれちゃんにしてみると、自殺した人や殺人を犯した人など、悪いことをしたという自覚のある人は「見返す部屋」という場所に行くことがあるそうです。どうして家族が泣いているのか、どうしてそういうことをしたのかと人生を見返して、次に活かすそうです。

いずれにせよ、たとえば仏教などの教えの中には、「よりよい人間に導く」という言葉や教えなどありますが、魂には、そんな気はないようです。

天命を毎日クリアする

魂は自分でお母さんを選んでやってくるとお伝えしましたが、これが、いわゆる宿命になります。

生まれてきた場所、時間、両親といった初期設定のことで、これはかえることができません。

そして、人生のシナリオというのが、いわゆる運命です。

そう言うと、「運命がもとから決まっているなら、どうすることもできないじゃないか」と言う人もいますが、私は、運命は自分の意思でかえていけるものと考えています。

では、天命とは何でしょう。

私はこれらをサッカーにたとえて説明しています。

宿命は、一度決めたら動かすことはできませんから、サッカーで言うなら、試合開始のキックオフです。必ずセンターサークルからはじまると決まっています。

運命は、プレーの進行そのものを指します。シュートを打つまでに、誰とパスを連携し、ボールをどうさばくか。シュートのチャンスがあったときに、どの角度から打つか……。

サッカーの試合が自分の思い通りにならないように、人生も必ずしもシナリオ通りには進みません。そのときどきで自分で選び、考え、決断します。

このように、人生のシナリオも、自分の意思でかえられる。人生は、自分で作り上げているのです。

そして天命は、ゴールポストです。

サッカーはゴールポストにボールを入れることが目的なように、この世に生まれる目的です。魂が人間になったとき、成し遂げるべきミッションを指します。

人生のミッションと言うと、「やっぱり何かを成し遂げなければいけないのか」「頑張って、成長し続けなければならない」と思いがちですが、そうではありません。

1章でお伝えしたように、魂は、「やりたいから、やる」が基本です。


心の底からやりたいことをやる。これが、人生の目的なのです。


誰かと比べて安心したり、世間や常識にしたがって、安全や安心を優先する生き方ではありません。

自分がやりたいことを、やる。

それが人生でもっとも大切であるにもかかわらず、「あなたは、何をしたいの?」と聞かれても答えられない人がいます。

「心の底からやりたいことをやることが、大事なんだよ」などとは誰からも教えられていませんから、すっかり見落としてしまっているわけです。


どんなミッションでも、その根底には、「人の役に立ちたい」という

思いがひそんでいます。

なぜならそれは愛の行動であり、人は誰でも相手の幸せな顔を見ると嬉しいからです。

そう考えると、ミッションなんてたいそうなことではありません。レストランに行って「ごちそうさま。ありがとう」と言えば、ミッションは一つクリアです。おいしい食事をいただいた喜びを素直に伝えるだけでいいのです。

コンビニに行ったとき、レジで「ありがとう」。

朝出会った人に笑顔で「おはよう」。

それだけで互いに気持ちよくなります。相手も嬉しいし、こちらも嬉しい。

これが天命です。

そんな小さな毎日の天命をクリアした先に、人生をかけてクリアする大きな天命が見えてくるのだと思います。

宇宙に「いい」「悪い」はない

魂がこの世にやってきて、ひたすらいろいろなことを経験して、また魂に戻る。それを何回も繰り返すのは、そこに大きな宇宙の意思が働いているからだと私には思えます。

宇宙がこの世に魂を送り込む理由が「経験するため」なら、その目的は「経験を収集すること」になりそうです。

宇宙は好奇心が旺盛なのです。世界中の75億人分の情報をひたすら収集して、「その先に何があるか」を求めているのかもしれません。

宇宙には、この世におけるすべての出来事は、自らの行動が原因で生じた結果であるという「原因と結果」の法則があると言われます。

こう聞くと、「いいことをすれば、いいことが返ってくる」と考えがちですが、そうではありません。

「何かやったら、何か返ってくる」、それだけです。なぜなら、宇宙に、「いい」「悪い」はないからです。

「いい」「悪い」は、私たちの主観でしかありません。「我」が勝手に「これは、いいこと」「これは、悪いこと」と判断しているにすぎないのです。

道徳の時間に、「人にいいことをしなさい」と教わりますが、何を基準にしているのでしょうか。

『アリババと40人の盗賊』という物語がありますが、盗賊の世界にいたら、人を騙してモノを盗むのは当たり前。盗んだ盗賊は「いいこと」をしたことになり、盗まない盗賊は役立たずということになります。

私たちの思う「いい」と、盗賊の思う「いい」は真逆です。

つまり、「正しさ」は、状況によって違うということです。


人生における幸・不幸は予測しがたいもので、幸せが不幸に、不幸が幸せになることもあるという意味の「塞翁《さいおう》が馬」という故事がありますが、まさにその通りです。雲黒斎《うんこくさい》さんが著書に書いていましたが、青信号を渡っていたら車に轢《ひ》かれた。普通は「運が悪い」と思うけれど、救急車で運ばれた病院の看護師さんと運命の出会いを果たしたら？

そうなると一転、「運がいい」となりますが、いざ結婚したら、その看護師さんは莫大な借金を抱えていて、肩代わりしなければならなくなった……。

これは明らかに「運が悪い」ように見えます。

しかし、結果はこの時点ではわかりません。人生はまだまだ続くからです。

結局、「いい」「悪い」を判断しているのは自分の主観だけなのです。

宇宙にそんなものはありません。

「転んだ人を助けたら、感謝された」ことは受け入れられても、「転んだ人を助けたら、殴られた」は、到底納得できません。

でも、宇宙の「何かやったら、何か返ってくる」に当てはめれば、どこもおかしいところはないのです。むしろ、宇宙が望んでいる「経験の収集」という意味では、貴重な一事例になるかもしれません。

こうして宇宙が、膨大な空間と時間を使って、世界75億人分の情報を収集して、収集し尽くしたら……？

存在する必要がなくなるので、「無」に返る、消滅する可能性があるのかなと私は思っています。でも見方をかえると、無に返らないためにも、いろんな個性の人が共存していると言えます。

違う意見は、ときに対立しながらも、それぞれが受け入れる。「違い」を否定する態度に出ると争いになりますから、「違い」を楽しみながら肯定するという生き方ができればいいのではないでしょうか。

お釈迦様が、「輪廻の輪に囚《とら》われずに、転生しなさい」と言っているのは、「いろいろな経験を宇宙に持ち帰って情報を更新して、もしまた生まれかわるとしたら、心機一転して地球にやってきましょう」ということではないかと思います。

そう考えると、お釈迦様の言っている「転生」と、宇宙のやっている「経験の収集」は、実はとても似ていますね。

第3章

ノリをよく軽やかに！
楽しく日々を生きるコツ

対談　すみれちゃん×池川

自分を好きになることが、いちばん大切

池川　毎日楽しく過ごす秘訣ってあるのかな。

すみれ　笑って過ごすこと。あと、自分を好きになること。

池川　そうだよね。まず、自分を好きにならないと楽しめないよね。でも「私なんて……」って自分を否定しちゃう人は多いけど、どうしてなんだろう。

すみれ　上の世界では幸せだけど、下の世界に来ると、人間がいっぱいいて、「これが普通」っていうことがどんどん入ってくる。

池川　人と比べはじめて、世間の常識に自分を無理矢理合わせて、「普通」からはみ出たら「それは、いけないこと」と否定していくってことだね。

すみれ　うん。

池川　大人になって、自分を否定してしまう人が幸せに生きていくにはどうすれば

いいんだろう。

すみれ　**何でも「ありがとう」って感謝する。そして、「ありがとう」って言えた自分を褒める。**

池川　ああ、なるほどね～！　犬のしつけと一緒だね。
斎灯《さいとう》サトルさんて絵描きさんがいるんだけど、彼は「なんで、オレはこんなにキレやすいんだろう？」と思っていたんだって。それを直すために彼は、キレなかったら「お前、よく頑張ったなあ。すごいな。よしよし」って、まるで犬をしつけるように自分をしつけたんだって。結局、自分を褒めるのがいいんだね。

すみれ　うん。小さい子は、「ありがとう」って言えたらそれだけで、「あ～、すごいね！」ってみんなから褒められるけど、大人は褒めてくれる人がいない。

池川　そうだよねえ。赤ちゃんの頃は立っただけで、「すごい！」、歩いただけで「すごいすごい～！」って言われたもんね。できて当たり前だと思うことでも、ちゃんと褒めていくといいかもしれないね。「朝を迎えられて、ありがとう。

そう思える私、すごいなあ。よしよし」みたいに。
そのうち、自分のご先祖様の魂からも、褒めてもらえるかも。「お前、頑張っているね〜」って。

すみれ うん。（すでに亡くなっている）自分のおじいちゃんやおばあちゃんの名前を呼ぶと、意外に来てくれたりする。

池川 困ったときに、「助けてください」ってお願いしてもいいの？

すみれ うん。どんな人に助けてもらいたいかを言えば大丈夫。「神様お願いします」「天使さんお願いします」もOKだし「おばあちゃんお願いします」でもOK。

池川 晴佐久《はれさく》神父様という有名な神父様がいるんだけど、その人は祈りについてずっと考えていて、**最終的に行きついたのが、「神様、すべてよろしく！」だったんだって。これが最強の祈りだって。**

すみれ うん、うん！

池川 身近で守ってくれる存在というと守護霊がいるけど、守護霊がついていないって人もいるのかな。

すみれ　いない（きっぱり）。みんなすごくいっぱい神様や天使さんがいる。

池川　**誰にでも最強の〝サポート軍団〟がついているんだね。**だったら毎日守護霊に「よろしく！」って言ってみたらいいのかもしれないね。

すみれ　「よろしく」って言ったあとは、「ありがとう」も言ったらいいかもしれない。

池川　なるほど、そうだね。「神様よろしくお願いします。ありがとう」って言うのは、神社などにお参りするときもそうだよね。

すみれ　神社にいる神様や天使さんは、すごく疲れていることが多くて……。なぜかと言うと、人間がお願いしすぎているから。頼りすぎて、「よろしくね」って言うだけで、自分から行動しないから。

池川　ソファーに寝そべって、「アイス、取ってきてよ」って感じ？

すみれ　うふふふふ。

池川　神社にお参りするときは、どんな言い方をすればいいのかな。

すみれ　決めちゃう。たとえば……。

池川　「お金持ちになりたい」とか。

すみれ　そうじゃなくて、「ありがとうございます。お金持ちになります。よろしくお願いします。ありがとうございます」。**お願いごとの最初と最後に「ありがとうございます」をつけると、神様は聞いてくれる。**神社は、お願いする場所じゃなくて、決断とお礼をするところ。

池川　そうか。願うところじゃなくて、自分が決断する場所なんだね。お参りのとき、ほかに気をつけることはあるのかな。

すみれ　神社に入る前に、お辞儀をする。お辞儀をすることは、家のチャイムを押しているようなもの。お邪魔します、みたいな。

池川　そうだよね。お辞儀をしなかったら、人の家に勝手に入るのと同じだもんね。ところで、もしこうやって自分の魂と会話ができたら楽しいよね。たとえば、「疲れたなあ」と思ったとき、励ましてくれるとか。

すみれ　その「疲れたなあ」っていうのが、魂の声。

池川　そうなんだ！　もう会話しているんだね。

すみれ　うん。「疲れたなあ」は魂の声で、「疲れているけど、まだやらなくちゃ」っていうのが頭で考えていること。

池川　頭っていうのは自我のことだね。じゃあ「おなかすいたなあ」っていうのも魂の声で……。

すみれ　「でも、我慢しなくちゃ」は、頭で考えていること。

池川　すみれちゃんは、神様だけじゃなくて、お母さんのおなかの中にいる赤ちゃんとも話せるよね。それはすみれちゃんから話しかけるの？

すみれ　私から話しかけることもあれば、赤ちゃんのほうから話しかけてくれることもある。

お父さんとお母さんが２人でお祝いしているのを見て、「ああ。お母さんの誕生日なんだ」って理解した赤ちゃんから、「（お母さんに）おめでとうって言って」って言われたことがある。

池川　それを聞いたらご両親は喜ぶよねえ。「３人でお祝いしていたんだ」ってことになるもんね。

すみれ すみれちゃんは、おなかの中のどんな赤ちゃんとでも話せるの？　すみれちゃんが見えやすい子と見えにくい子とかいるの？

池川 お母さんがすごく疲れていたり、ストレスをためていたりすると、おなかの中が曇っていたり、黒っぽくてわかりにくかったりする。でも、お母さんが幸せそうにしていると、見えやすい。

すみれ お母さん次第なんだね。

池川 **赤ちゃんはお母さんとつながっていて一体だから、お母さんが何を思っているのか、どの子も感じちゃう。**

今、お母さんが怒っているとしたら、それはどの子もわかっちゃう。自分のことのようにつらくなる子もいれば、つらそうにしていない子もいる。そこはいろいろ。

池川 赤ちゃんのときに、もうつらい子がいるんだね〜。大きくなってからも「どうせ私なんて、何をやってもダメだ」ってつらい人がいるとしたら、すみれちゃんだったら何て声をかける？

すみれ　んー。無理して自分をかえようと思わなくていいのかもしれない。落ち込むのは、悪いことじゃないから。「私また落ち込んでた……」みたいになっちゃうと、自分を責めることになっちゃう。

池川　落ち込んで深刻になったり、それをなんとかしようとせずに、とことん落ち込んじゃえばいいんだね。**それをとことん味わうってことだね。**

愛情は、いつ誰からもらう？

毎日がプレッシャーの連続だ。そう思って生きている人は少なくないかもしれません。会社に行けば、仕事ができる同僚と競争し、売り上げが芳《かんば》しくなければ月イチの会議でやり玉にあげられる。頑張っても些細なミスを指摘され、気の休まるヒマがない……。「ここは、私の居場所じゃない」と密かに転職活動をしても、思うような仕事は見つからないし、そもそもやりたい仕事が何かわからない。

「なんだか、私の人生、パッとしない」

そんなふうに、いら立っている人もいるようです。

そりゃ、生きにくいのは当たり前です。

だって、その視点は地位や名誉、人からの評判を気にする「我」というゴミの視点だから。

見方をかえれば、「我」を気にしてばかりいるのは、これまでの教育の〝成果〟とも言えます。

こうしなさい、ああしなさいという先生の言うことを聞いていればいい、親の言う通りにしていれば間違いない、いい大学に行っていい会社に入って結婚すればそれが幸せだ。そういう教育を受けて育ってきたから、こうしろと言われたら、忠犬のごとく「はい」と鵜呑《うの》みにする状況に慣れきってしまっていたのです。

だから、あれこれ悩むのは、教育された通りの模範的な大人になっただけとも言えます。

人に言われた通りに動いていると、いつしか、人の評価が自分の評価になってしまいます。

そういう人は、うまくいかなかったり、思い通りにならないとき、「あの上司のせいだ」「親が悪い」などと人や環境を責めます。

あるいは、矛先《ほこさき》を自分に向けて「どうせ私は、何をやってもダメだ」と自己否定をしはじめます。

この自己否定は、自分の中にある愛情の不足感が原因ですが、愛情の源は、母親です。

私は産婦人科医の立場としてたくさんのお母さんにお会いしてきましたが、お母さんの子育ての悩みは尽きません。愛し方がわからないお母さんもたくさんいます。

子どもが3歳になるまでは、母親が常にそばにいるべきだという「3歳児神話」がいまだに根強くはびこっていますから、保育園に預けて働いているお母さんの中には、「一緒にいない自分は悪いお母さんだ」とつい自分を責めてしまう人もいます。

「小さい子を他人に預けるなんて、かわいそうよ」という心ない意見を耳にしてしまえば、「この子が情緒不安定なのは、私のせいかしら?」「私のせいで、寂しい思いをしているのかしら」と、ますます自分を追い詰めていってしまいます。

とくにはじめての子育ては、知らないことだらけ、わからないことだらけですから、周囲が気になるのは仕方がない面もあります。

しかし、「3歳児神話」に限って言えば、全然気にすることはありません。

すでに、「一緒にいる時間の長さより、時間の質のほうが大切だ」という実験結果があるのです。

胎児に与えるさまざまな影響を科学的見地から紹介した『胎児は見ている』（祥伝社）の著者、トマス・バーニー博士は、こんな実験結果を報告しています。

母ネズミと四六時中一緒のカゴに入れられていた子ネズミたちと、昼間は母ネズミと引き離され、夜だけ一緒のカゴに入れられる子ネズミたち、どちらがストレスが少なかったかを調べたところ、明らかに後者のネズミのほうが情緒が落ち着いていることがわかったのです。

夜だけ子ネズミと一緒にいる母ネズミは、熱心に子ネズミの毛づくろいをし、スキンシップをしていました。おかげで、子ネズミには親愛感を育んだり、イヤな記憶を消す「幸せホルモン」と呼ばれるオキシトシンが出ていたのです。

反対に、一日中一緒にいた母ネズミは、子ネズミをケアする行動をとくにしなかったため、子ネズミのストレスが増えていたのです。「いつでも一緒にいる」という安心感が、母ネズミを怠惰にさせたという見方ができます。

親子の絆は、一緒にいる時間の長さではなく、時間の質が大切です。

愛情がしっかりと伝わっていれば、お母さんが働きに出ている間離れていても、何も問題はないのです。

昼間働いている分、夕飯をお惣菜ですませてもいいし、掃除も洗濯もアイロンがけも適当に手を抜いてかまいません。その分、子どもには笑顔でたくさん抱きしめてあげて、一緒にお風呂に入って、ベッドの中で絵本を読む。そういうコミュニケーションを大切に、最優先にすれば、時間がないから愛情を伝えられないということはないのです。

母親の笑顔とスキンシップによる五感の記憶があれば、それだけでその子どもは将来、愛情の不足感など抱くことはありません。つまり、人の評価に振り回される人生を歩むことはないと言えるのです。

「完璧」なんてどこにもない

うまくいかない、思い通りにならないと思っている人は、完璧を追い求めている人とも言えます。

そんな人に心に留めておいてほしいのが、**「そもそも魂は、欠けた部分を持っている」ということです。**

魂は完璧のように見えますが、小さな傷がついているようです。それが肉体と一緒になったときに拡大され、不完全な状態になるのです。

それは、性別や、皮膚や髪の毛の色、身長、性格などいろいろな違いとなって現れます。

そして人間として生きている間は、完璧にはなることはありません。

完璧を追い求めても、無理だということ。「欠けているところを埋めなきゃ！」と奔走し、うまくいかずに「欠けている私はダメだ」「どうして私はできないんだろう」と落ち込むのはおかしな話で、そもそも人間になった時点で、「できないこと」「他人と違うこと」を選んできているのです。

ただし、**どんな人でも、欠けている以上に、いいところがあります。**

欠けているところではなく、いいところに着目して、それを伸ばせばいいのです。「私には、いいところなんてありません」と思う人もいるかもしれませんが、他人から「あなたって、こんなところがいいよね」「ユニークだよね」「すごいよね」と言われたことがあるはずです。

自分では「当たり前」と思っていることこそ、あなたのいいところです。

香葉村《かばむら》真由美さんという小学校の先生が、瓶を用意して「いいことをしたなと思う子がいたら、瓶の中にビー玉を1つ入れよう」と児童に提案したことがありました。「瓶がいっぱいになった日は、宿題は出さない」と約束すると、子どもたちは、あの子はこんなにいいことをした、この子もいいことをしたと、友達のいいところをどんどん見つけては、ビー玉を入れていったそうです。

それまでは「あの子にこんなことされた」と文句を言っていた児童が、同じ子に対して「あの子にはこんなにいいところがあった」と言いはじめたのです。

「いいところ」は自覚しにくいし、見えません。でも、これは「いいところの見える化」という意味でも、上手な方法だなあと思いました。

「あなたって、こんなところがいいね」と言われた日は、家に帰ってビー玉を入れてみてはどうでしょう。

家族と住んでいる人は、家族の誰かがいいことをしたり、いいところがあったと思ったら、ビー玉を入れるなどしてみるのもいいかもしれません。

注意点は「悪いことをしたら、ビー玉を減らす」のではないということです。それをはじめると、どうしても「悪いこと」にフォーカスし、あら探しをはじめかねないからです。そうではなく、あくまでも「いいこと」だけにフォーカスしていきましょう。

「自分の自由度が高まるか？」を基準にする

自分らしく生きるためにはどうすればいいのでしょうか。

それは、主体的に生きる、ということです。

主体とは、「我」ではなく、魂が欲する行動です。

これは魂と会話をすることで見えてきますが、「あなたの魂は、何て言っているの？」などと言われて育った人はほとんどいないでしょう。ですから今さら魂と会話をしろと言われても、いったいどうすればいいのかわからないかもしれません。でもすごく簡単なことです。

文字通り、話すだけです。

実際、多くの人が無意識にやっています。

たとえば、「会社、辞めようかなあ？　やりたいことあるんだよな」と頭に浮かんだとき「それはいいなあ」。

「赤ちゃんを授かって嬉しいけど、あれはダメ、これはダメっていろんな人が言ってくる。どうしたらいいのかな？」と悩んだとき、「いちいち気にしなくていいよ」。

「彼氏と2年つき合ったけど、結婚したくないなあ……」と思ったとき、「したくないなら、しなくていいか」。

全肯定してくるのが、魂の声です。

「魂と話してみようとしたら、自分に都合のいい答えしか返ってきませんでした」と言う人がいますが、それでいいのです。

魂は、自分に都合のいいことしか言いませんから。

「は？　そんな都合のいい話、あるわけないじゃない」。そう思うのは「我」の発想です。

もっと認められないと、もっと上を目指さないと――。

「我」は、名誉のため、地位のため、お金のため、自分が認められるために頑張り続けますから、都合のいい話を認めるわけにはいきません。

「会社、辞めようかなあ。やりたいことがあるんだ」

「いいよ」

こんなふうに魂が同意したとたん、「我」は、それこそ「我《われ》こそは」とばかりにしゃしゃり出てきます。

会社を辞めたらお金はどうするの？

新しいところなんてそう簡単に見つからないよ？

見つかっても、給料が安くなったらどうするの？

今のところにいたほうが安全だよ？

いい大人が「好きなことをして生きる」なんて、寝ぼけたこと言わないで。

そんなことを実現できるのは、ほんの一握りのお金を持っている人だけだよ？

親が泣くよ？

友達もいなくなるよ？

……こんなふうに、「我」は、全方向から全否定してきます。その大きな声に呑まれそうになるかもしれませんが、これらはすべて、単に「我」という名のゴミの声なのです。

1章でも述べましたが、魂は、人の評価なんて気にしません。どうでもいいのです。「お金があろうがなかろうが、やりたいからやる」。だから、あなたが「こうしたい」と純粋に思うことに関して、否定するはずがないのです。

人生に迷いが生じたとき、占い師を渡り歩く必要なんてありません。魂というこれ以上ない味方がいるのですから、魂と話をしてみてください。

それに従うかどうかを考えるのではなく、それがあなた自身の声だということです。

とは言え、「いまいち、魂と話す感覚がわからない」と思う人もいるかもしれません。

そういう人は、**「その判断は、自分の自由度を高める？　狭める？」と問いかけてみてください。**

そして、自由度が高まると思えたものだけを受け入れてください。

働いているお母さんが、「小さな子どもを人に預けるなんて、かわいそうよ」と言われたとき、その意見を受け入れたら、自分の自由度が高まるか？　「子どもにかわいそうなことをしているのかもしれない」と安易に受け取るのではなく、「かわいそうという意見があるのはわかった。でもその意見は私にとって、自由度が高まる？　狭まる？」と自分に聞いてみてください。「狭まる」と思ったら、わざわざ受け入れなくていいのです。

がむしゃらに仕事をして地位を得て、お金も入ってきたのに、なぜだか生きづらい。そう感じる人がいたら、「この仕事を続けて、自由度は高まる？」と自分に聞いてみてください。

「高まる」と思えばもちろん続けていいし、「狭まる」と思ったら、地位もお金もあるのにどうして「狭まる」のか考えてみてください。本来、自分がやりたいことではなかったのかもしれません。「自分がやりたいことって何だろう？」を改めて考えるいい機会ととらえることもできます。

自由度が高まる、広がる方向に舵取りをすると、俄然《がぜん》、生きやすくなります。
なぜなら魂はそもそも自由な存在であり、それこそが魂の本質、真実だからです。

ここまでに魂についての話をしていますが、魂を信じるか、信じないか。これだって、「自由度が高まるか、狭まるか」で決めてしまっていいのです。

「魂を信じると、自分の自由度が一気に高まる気がする。楽しくなりそう！」と思ったら受け入れればいいし、ここまで読み進めてみて「魂だとか空の上の記憶なんて、どう考えても怪しい。こんなことを信じたらまともな社会生活が送れなくなりそうだ」と自由度が狭まると判断した人は、無理して受け入れなくていいのです。

信じたほうがメリットがあること、信じないほうがメリットがあることは、個々によって違います。

「自分の自由度が高まるか？　狭まるか？」

それをことあるごとに繰り返し考えるクセをつけると、周囲に振り回されず、自分を主体に生きる力強い一歩になります。

会社に入れば安泰などという時代はとうの昔に終わっています。つまり、今は人に寄りかかって生きていればどうにかなるという時代ではないということです。保障された安全などどこにもありません。自ら道を切り拓く時代に、言われた通りのことしかできない人は生きづらくなるはずです。

「自分の自由度が高まるか？ 狭まるか？」を基準に、「自分は、どうしたいのか」と問いかけてみてください。

その自由度が、まさにあなたの可能性と言えます。

「結婚できない」人は、実は自ら拒否している⁉

「私は、結婚したいと思っています。それなのに、どうしていつまでもできないのでしょうか？」と聞かれることがあります。

これは、主に２つの理由があると思います。

一つは、**「何のために結婚したいのか？」というビジョンがないから。**「自分は、どうしたいのか」が抜け落ちているのです。

結婚したいと言う人に、どうして結婚したいのかと聞くと、「周りがみんなしているから」「親がうるさいから」「友達が結婚して焦りはじめたから」と答える人は多いのですが、「私は、こういう幸せな家庭を作りたいんです。だから結婚したいのです」と明確なビジョンを答える人は、ほとんどいません。

「私はこんな家庭を作りたい」というイメージがある人ほど、結婚しています。

明るくて優しい人と知り合って結婚して、子どもは3人作って、5人家族でこんなところに住んで……という、いわゆる**未来の理想図までのナビを先に設定するのです。**行き先を設定しなければ、車だって走り出せません。

もう一つ、結婚したいのにできない理由は、**「自分で拒否しているのに、気づいていない」から。**

結婚したいと思ったとき、結婚できる人が実は目の前に現れているのに、知らずに自ら拒否しているのです。身長が足りない、給料が足りない、センスが悪い、顔がタイプじゃない……など、とにかくいろいろな理由をつけて、せっかく現れた人を自ら拒否しています。

こんな笑い話を聞いたことがあります。

神様を信じている人が、船に乗っていたとき、事故に遭って沈みかけました。別の船が通りかかって助けようとしたけれど「神様にお願いしているので結構です」と、その人は助けを断ります。

次にまた違う船が来て助けようとしたけれど、断ります。そして次の船も断った。

3回断ったら、その人は溺れて死んでしまいました。

死んだあと、神様のところに行って、「私はこんなに神様を信じていたのに、どうして助けてくれなかったのですか！」とたずねると、神様は一言。

「3回も助けを出したじゃないか」

実は目の前に神様が現れていたのに、気づいていなかっただけなのです。自らが受け取るのを拒否していることを象徴する話だと思いますが、結婚したいと言っている人もこれと同じです。相手がすでにもういるのに気づかずに拒否しているのです。

「あの人は、やっぱり給料が安いし、無理」

というその判断は「我」の判断にすぎません。つまりゴミの判断です。

その人と一緒になることで、自分の人生が広がるのか、狭まるのか。その声に従えば、まず間違いありません。少なくとも、あなたにとって納得のいく人生を歩めると思います。

どんな状況にあっても、あなたは「順調」です

生きづらさを感じている人ほど、魂より「我」が優先されていますから、「今のままの私ではダメだ」と自分にはっぱをかけたり、「夫は『仕事が忙しい』と言うばかりで、全然一緒にいてくれない」とパートナーに不満を抱いたり、「うちの子は、よその子よりも勉強ができない」と子どもにイライラしています。

ここで、一つ、声を大にして言っておきたいことがあります。

あなたは、今のままでいい。

多くの自己啓発書は、「今より、もっとよくなる方法」について書かれていると思います。これは違う言い方をすれば、「今のあなたではダメですよ」と言っているの

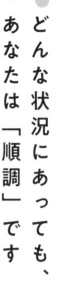

と同じです。
それって、しんどくないですか？
もちろん、反論もあるでしょう。
「でも先生、私は親ともあんまりうまくいっていないし、仕事もおもしろくない。お金もないんです。唯一うまくいっていた彼とも最近ケンカばかりです。今の私でいいわけないじゃないですか。この状態のままでいいってことですか」

いいんです。順調じゃないですか。

「うちの母は、近所の人が挨拶しなかったとか、お父さんが家でぐうたらしてばかりで困るとか愚痴ばかり。なんであんなに文句や不平不満ばかり言うんだろう。娘の私から見ると、すごく生きづらそうに感じます」

いいんです。その人にとっては、それが生きやすいんです。

「事故に遭ったり、病気になったり、リストラされたり、夫と離婚したり、子どもが家を出て行ったり、もう大変なんです！」

絶好調じゃないですか！


バカにしているわけではありませんよ。

思い出してください。魂が人間になるのは、経験するためでした。

宇宙に「いい」も「悪い」もないのです。

宇宙からすれば、どんな悩みも「そんな経験、いいね〜」なのです。

深刻にしているのは「我」の仕業です。

深刻になればなるほど、「我」にまみれて、ゴミにまみれて、どんどん沈んでいってしまいます。

宇宙は好奇心のかたまりですから、「こうしたら、どうなるんだろう」が知りたい。だから陰と陽に分け、男と女、善と悪などの二元性の世界を作り、感情を生み出しました。

魂からすると「そんな経験できて、いいよね〜」とワクワクです。

親とうまくいっていない、仕事もおもしろくない、お金がない、彼とケンカばかり。そんなあなたの「我」に対して、あなたの魂は、そんなにいろんな経験ができるんだ！うまくいかないってどんな感じ？　と興味津々のはずです。

「我」に従って深刻になるか、魂に従っておもしろがって受け入れるかは、自分次第というわけです。

以前、花子さんという空の上の記憶がある女性に、「お母さんに怒られたらイヤでしょ？」と聞いたら、**「生まれてこなければ怒られもしないから、それすらＯＫよ」**と言いました。

怒られるのも、生まれたからこそできる経験なのです。

もっと言えば、魂のときに、「人間になったら、生きにくさを体験するぞ！」と決めてきたのかもしれません。

そういう人にとって、**「思い通りにいかない」ことは、極めて順調に人生を歩んでいることになるのです。**

そのために、そのキャラで生まれてきて、その役割を生きているのですから。

それを、「その考えじゃ、生きにくいよ。もうちょっとポジティブなものの見方をしたほうがいいよ」などとアドバイスされるのは、余計なお世話です。

こっちは生まれる前から、悲劇のヒロインを生きると決めているのだから、うっかりアドバイスを真に受けてポジティブになってしまえば、キャラがブレて、どんどん自分を見失ってしまう……というわけです。

お母さんが、不平や不満ばかりで生きにくそう？

いえいえ、その不平不満が何十年もお母さんの生きる原動力になっているんです。

お母さんは、キャラを貫いている「信念の人」という見方もできます。

「幸せになりたい」と言いながら、悩んでばかり、イライラして不満ばかりという人もそうです。

その人は、悩む、イライラする、不満を募らせることが好きなのです。

人は、好きなものをそう簡単には手放せません。その人にとっては「不幸せが、幸せ」なのです。

こんなことを言うと、「ふざけるな」と叱られそうですが、それがイヤならやめればいいだけのこと。それにしがみついているのは自分で、それが好きだからそうしているわけです。ひとたび幸せになってしまったら、その幸せがいつなくなるかという不安におびえることになる。ならば、不幸せなままのほうが幸せ……。そういうキャラの人もいるのです。

人生とは、起きた出来事に対する解釈

ネガティブな人は、どこまでもネガティブなものの見方をしていいのです。

ポジティブな人は、どこまでもポジティブなものの見方をしていい。

何度も言う通り、**どんな人生も、オールOKです。**

今のままのあなたで何も問題ありません。

今まで演じていたのは悲劇のヒロインだったけれど、いい加減飽きたし、違うキャラがいいな。そう思ったなら、かわればいいだけのこと。「こうならなければ」と頑張って自分をかえる必要もなければ、できない自分を否定する必要もないということです。


長年、演じたキャラをかえるのは大変だと思うかもしれませんが、そんなことはありません。

胎内記憶をテーマにした『うまれる』という映画を製作した豪田トモ監督は、私の講演会で、「赤ちゃんは、雲の上から自分で親を選び、生まれてきます」という話を聞いて、衝撃を受けたそうです。

豪田監督のお母さんは、４歳年下の目に障害のある弟にかかりきりでした。弟は手術と入退院を繰り返していたので、お母さんは看病とつき添いに追われていたのです。お父さんも、医療費を捻出するために仕事漬けの日々だったので、お兄ちゃんである監督は、小さい頃は寂しい思いをしていたそうです。

そして豪田監督は、こう思い込むようになりました。

「僕はちっとも愛されていない。捨てられたも同然の子なんだ」

思春期には両親との気持ちのすれ違いはどんどん大きくなり、心が荒《すさ》んで、冷戦状態で家を出、結婚にも失敗してしまいました。

「自分は何のために生まれてきたのか」と悩み、「両親との関係を問い直したい。そうでなければ、いつまでも家庭生活に希望が持てなくなる」と思っていた頃、胎内記憶と出会い、それが映画として結実したのです。

封切り後、テレビの取材でこの映画を作った動機を聞かれた監督は、「僕は親に愛されていなかったから」と答えました。

すると、親戚や友達、実家の近所の人から、「あんなにかわいがってもらったのに、何てことを言うんだ！」と大ブーイング。電話がじゃんじゃんかかってきたそうです。よくよく思い返してみると、たしかに小さい頃は近所でも評判になるほど仲がよく、親子4人でよく旅行に出かけていました。当時の写真を引っ張り出すと、みんな仲よく写っています。

「僕は、愛されていたんだ！」

自分はずっと思い違いをしていて、両親はそれを黙って見守ってくれていたことに気づいたのです。

やっとこれまでの〝勘違い〟に気づいた豪田監督は、「生んでくれて、ありがとう」というセリフを1週間ほど練習し、自分の誕生日に両親に告げたそうです。

言われた両親は、照れながらも「お前は、どこの宗教に入っていたんだ」と泣き笑いし、長かった親子の確執はあっさりと氷解しました。

この話を聞いて、私がつくづく思ったのは、**「人は、一瞬でかわれる」ということです。**

私たちは、自分の思い込みや思いグセで、実際とは違うストーリーを頭の中に描き、そこから抜け出せなくなることがあります。

精神医学では、これを「認知の歪み」といいますが、豪田監督も、両親の言動をすべて自分にとって悪いほうに解釈していき、どんどんストーリーをあらぬ方向にでっちあげていたのです。

どんな出来事も、それに意味づけをしているのは、ほかならぬ自分です。

たとえば、私は「池上彰さん」と呼び間違えられることがよくあります。漢字にすると、「池川明」と「池上彰」はけっこう違いますが、ひらがなにすると、「いけがわあきら」と「いけがみあきら」。1文字しか違いません。ジャーナリストの池上彰さんの名前はよく聞きますから、それもあるでしょう。

間違えられて、どう思うか？

私は「ラッキー！」と思います。だって相手は超有名人ですから。そういう人に間違えられるなんて光栄です。

でも、名前を間違えられて「失礼じゃないか！」と、激怒する人もいますよね。

同じ出来事でも、反応は個々によって違います。

どちらが「いい」「悪い」ではなく、どんな意味づけをしているか、なのです。

リストラされたとき、「最悪だ。絶望しかない」と思う人もいれば、「これはチャンスだ。これから、もっとやりたい仕事を探そう」と思う人もいる。

恋人からメールの返事が来なかったとき、「嫌われた……。私、何か気に障《さわ》ることをしたのかな」と思う人もいれば、「忙しいのかなぁ。まあ、いいか。そのうち連絡してくるだろう」と思う人もいる。

どちらも、自分がそれを選んで意味づけをしています。

出来事に、「いい」も「悪い」もありません。その出来事をどう解釈するかだけです。**人生とは、起きた出来事に対する自分の解釈なのです。**

自分にとって悪いと思う出来事があっても、「ラッキー！　次はどれだけすごいハッピーがやってくるんだろう？」。そう思い続けていたら、「朝ごはんがおいしかった」「電車に間に合った！」など、今まで見逃していたラッキーやハッピーが見えるようになってきます。

神様が人間になりたがる理由

「でも、そんなお気楽人生は、絵空事でしょう」と思ったり、「一瞬でかわるのは無理。だって、今までずっとうまくいかなかったんだから」など、「でも」とか「だって」がついたとたんに、これまで通りの自分を選択したことになります。何年、何十年もかわらないコースを、自分が選んだことになるのです。

誤解しないでほしいのですが、「今までうまくいかなかった人生」が一瞬でかわっても、何十年かけてかわっても、それはどちらでもいいのです。そこにも「いい」「悪い」はありません。

人は、かわるタイミングが来れば、かわるものだからです。

あるいは、「うまくいかない人生」をかえないまま、人生を終えたっていいでしょう。「そんな人生は、イヤだ」と言いつつ、かえる必要性を感じていなかったわけですから。

自分をかえず、まっとうしたことで、魂に戻ったときに「うまくいかない」というのがどういうことなのか、ほかの魂に嬉々として説明することができます。

「悩んでばかりの人生」も「不運続きの人生」も同じことです。それを一生かけて体験したなら、悩むとはどういうことか、不運続きとはどんなことかと、素晴らしい経験として持ち帰ることができます。

ですから、やっぱり、どんな人生もオールOKなのです。

宇宙には、「悪い」という概念がないので、最悪、絶望、嫌い、悩む、不平不満というのは、とても魅力的に映ります。

だから現世に生きる私たちは、悪いもの、悪いことに惹かれるという側面があるのかもしれません。

「妊婦さんは和食中心のごはんを食べるべきだ」と言われたら、逆にフライドポテトの大盛りが食べたくなったり、「肺がんのリスクがありますよ」と警告されてもタバコがやめられなかったり……。

作家でありカウンセラーでもある金城幸政さんにお会いしたとき、「神様って、いいことしかできない。だから、たとえ悪いことでも、何でもできる人間を見ると、うらやましくてしょうがない。だから神様は人間になりたがるんだよ」と言っていました。

私は、「へえ。人間は神様になりたがるのに、神様は人間になりたがるんですね」と返したのですが、人間も神様も、お互いにないものねだりが好きなのかもしれません。

イヤなところ、ダメなところにフォーカスすると「感謝」を見逃す

毎日を幸せに生きるコツは、感謝だとお伝えしましたが、感謝は最強です。

でも、それがわかっていても、日々忙しく過ごしていると、私たちはつい感謝よりも先に不平や不満、文句が出てきます。

夫婦間の問題を抱える人から話を聞く機会があります。

旦那さんに不満のある奥さんは、旦那さんがすることすべてに不満がたまります。浮気されようものなら大爆発。怒りが治まりません。

そんな相談をされたとき、私は奥さんではなく、旦那さんに「どうしてあの奥さんの旦那さんをやっているのですか？」と聞きます。

そんな質問をされたことがない旦那さんは、しばし黙ったのち、「妻を旅行に連れて行きたい」「一軒家に住まわせてあげたい」などとポツポツと答えます。

「そうですか。どうして旅行に連れて行きたいのですか？」と聞くと、「どうして……？　家族サービスをしたいから」などと答えが返ってきます。

さらに、「どうして家族サービスをしたいのですか？」と、どんどん質問を掘り下げていきます。

すると、最終的に**多くの旦那さんが行きつく答えは、「妻を笑顔にしたいから」「妻の喜ぶ顔が見たいから」になるのです。**

子どもも同じです。お母さんを困らせる子どもに、その理由をどんどん聞いていくと、最終的な答えは「お母さんの笑顔が見たい」になります。

浮気された奥さんには到底信じられないかもしれませんが、旦那さんは、奥さんに幸せになってほしいと思っているのです。

たとえば、ある旦那さんは新婚当初、奥さんに会社帰りにちょっとしたプレゼントを買ったら喜んでくれたことが嬉しくて、その後もたびたびプレゼントを買いました。でも、だんだん奥さんは笑わなくなった。何を買っても喜んではくれません。いつも不満をため込み、仕事が遅いことや家事や子育てに協力しないこと、休日に寝てばかりいることなど怒ってばかりいます。

そんなある日、旦那さんの浮気がバレてしまいます。

旦那さんは申し訳ない気持ちになり、プレゼントを買って渡したところ、「これ、罪滅ぼし？　そんなのいらない」と突き返されました。

旦那さんは、どう思うでしょうか。

「妻は、僕が何をしても、もう喜ばない。ニコリともしない」。ただ、笑っていてほしいだけなのに、それがなかなか叶わない。

奥さんからすれば、「浮気しておいて、何よ！」と思っているのでしょうが、浮気される前から、喜びや感謝を忘れ、ニコリともしなかったのは奥さんでした。そこは棚に上げて、イライラを募らせているのです。

夫は犬、妻はネコだと思ってみてください。

棒を10回投げて10回拾ったのに、一度もネコに褒められなかったら、いくら犬でもくじけますよ。

犬には、ネコの好きな魚を買うという発想がありません。だから、自分が好きなとっておきの骨をプレゼントしますが、ネコに喜んではもらえない。違う骨、また違う骨と次々とプレゼントしますが、でもネコにとってはただの生ゴミです。「いらない」「また、余計なモノ持ってきた」と言われてしまいます。

あげても、不機嫌。あげなくても、不機嫌。そんなとき、ニコニコしてくれるほかのネコと出会って、ついなびいてしまった……。

夫に浮気されたとき、「旦那が悪い」「旦那がひどい」で片づけるのは簡単ですが、では、あなたはどうでしたか？　旦那さんの思いを汲《く》んでいましたか？

ひどい夫は、いません。

ただ、夫がいるだけです。

夫が何かしたとき、それを「いい」とか「悪い」と判断している自分がいるだけです。

旦那さんがしたことは、あなたが望むこととは違ったかもしれない。

でも、違ったからと言って「私を理解してくれない」「私を大事にしていない」と結論づけてしまうのか、たとえ違っても「私の笑顔が見たくてやったんだ」と思えるか。後者のように実感できれば、感謝の気持ちが湧きませんか？

お母さんに対して不満のある子どもも同じです。

「お母さんは、私を理解しようとしない」「イヤなことばかり言う」と、腹を立てている娘さんがいました。お母さんの嫌いなところを挙げたらキリがありません。どこにも連れて行ってくれなかった、怒ってばかりいた、ほかの兄弟には優しいのに私には何もしてくれない……。

そこで、聞いてみました。

「本当に、どこにも行ってないの？」

すると、「いえ。小さい頃は、家族で遊園地に何度か行きました」

ちゃんと、連れて行ってくれているじゃないですか。

「私には何もしてくれないって言うけど、小さいとき、朝ごはんはどうしていたの？

自分で作っていたの？」

「いえ。お母さんが作ってくれていました」

「そう。学生時代、お弁当だった？　給食だった？」

「高校生のときは、お弁当でした」

「そのお弁当、自分で作っていたの？」

「いえ。お母さんが毎日作ってくれました。でも、ほかの子もみんなそうですよ。そんなの当たり前です」

「あのね、**お母さんは、隣の家の子のためには、毎朝ごはんは作らないでしょう？**　あなたのためだから作るんだよ」

「私のため？」

「そうだよ。娘のためだから、わざわざ早起きして毎朝お弁当を作って、朝ごはんも作って送り出してくれたんじゃない」

それに対する感謝はまったくなくて、お母さんのあれがイヤだ、これが嫌いと文句ばかり言っていたのです。だいたい、子どもは十数年生きてきた時点で、確実に親に面倒を見てもらっているのです。勝手に大きくなんてなれませんから。

私の思う通りに、旦那が行動してくれない。

私の思う通りに、子どもが勉強してくれない。

私の思う通りに、お母さんが考えてくれない。

私の思う通りに、誰も言うことを聞いてくれない。

こうして周囲のダメなところ、イヤなところばかりにフォーカスしてしまえば、毎日してくれること、さりげない優しさや気遣いは見逃してしまいますから、感謝もできません。

でも、そこに気づいたら、今日から小さなことでも感謝しようと思えるはずです。

「日々、生きている」ということは、本当に幸せな奇跡です。それを実感すれば、自ずと、周囲の人への感謝、小さなことへの感謝が湧いてきます。

意識は、いくらでもかえられるのです。

ありがとう。言えた私に、ありがとう

毎日を楽しく過ごす秘訣について、すみれちゃんはこう言っていました。

自分を好きになること。


私も、そう思います。

自分を好きになって、はじめて「人のため」という気持ちが出てくるからです。

だから、まずは自分自身を愛すべき存在だと自分が思う。これが大切です。

でも、「自分のことが、誰よりも大好きだ!」と、堂々と言える人はどのぐらいいるでしょうか。

勉強ができなければ認めてもらえない。

お手伝いをちゃんとやらなければ、かわいがってもらえない。

いい子にしていなければ叱られる。

こんなふうに条件をクリアしなければ褒められないという環境下で育った子どもは、なかなか自分のことを「好きだ！」とは言えません。

何かを頑張らなければ認めてもらえないわけですから、「これができた自分は好き」「これができなかった自分は嫌い」と、条件をクリアした自分以外は好きになれないのです。そして、クリアできない自分を「また、できなかった」「どうしていつも失敗しちゃうんだろう」と追い詰めてしまいます。

だから、何かあったとき、「どんな自分でもいいよ」と肯定するところからはじめてみてください。

講演で、「子どもを叩いてしまいました。私は本当にひどい母親です」と泣いてしまうお母さんとお話しすることもありますが、「別にいいんじゃない？」と私は言います。「叩いちゃう日だってあるよね。でも、今まで頑張って子育てしてきたでしょう。

すごいと思いますよ」とお伝えしたあとで、「叩くのはかまわないけど、お尻にしてね。頭は、1回叩くと2000個の脳細胞が壊れちゃうから」とつけ加えます。

お母さんだって、叩くのがよくないことぐらい百も承知です。それでも、どうにもならずに叩いてしまったから、自責の念にかられているのです。そういう人に、「叩くなんて、ひどい親だ」と言ったら、立ち直れなくなってしまいます。

つい手をあげそうになったとき、「あ。頭はダメなんだ」とちょっとブレーキがかかれば、それで叩かなくなるかもしれません。もし叩いたとしても、頭は避けられるかもしれません。

叩く回数が減ったら、その自分に対して、「大丈夫。少しずつよくなっているよ」と声をかけてあげてください。

私たちは日頃から、仕事やプライベートで、思っている以上に「私ってダメだなあ」と自分を責めているものです。

「上司に叱られちゃった。私って、やっぱりダメだなあ」

そう思ったときは、「それでもいいよ。よく頑張ったよ」。

「友達にキツいこと言われて凹《へこ》んじゃった……」

そんなときも、「凹んでいいよ。キツいこと言われたら、イヤだよね」。

「待ち合わせにまた遅刻しそう。どうして、もっとちゃんとできないんだろう」

そう思っても、「いいよいいよ。そんな日だってあるよ。ちゃんとできなくたって、いいよ」。

こんなふうに、自分に寄り添ってみてください。


また、すみれちゃんが教えてくれた、**「『ありがとう』と言えた自分を褒める」ということも、「自分を好きになる」方法としておすすめです。**

友達と別れ際に、「今日はありがとう。楽しかったよ」と言えたら、「ありがとうって言った私って、すごいなあ」。

仕事でトラブルがあって同僚が助けてくれたとき、「ありがとうね。助かったよ」と言えたら、「ありがとうって言えた。私って、すごい！」。

スーパーで店員さんに商品を渡されて、「ありがとう」と言ったときも「ちゃんとありがとうって言えた！　私って、やっぱりすごいなあ」。

どんどん明るい気持ちになってきませんか？

ほかにも、自分を肯定する言葉をどんどん使っていきましょう。

お風呂に入ったとき、「ああ、気持ちいい～。幸せだなあ」と思わずつぶやいたら、「幸せって思える私って、すてき」。

朝起きたとき、「気分がいいなあ」と思ったら、「気分がいい私は最高！」。

ネガティブな感情のときこそ、自分のことを褒めてあげたいものです。

落ち込む出来事が続き、「私だけ、なんでこんなに不幸なんだろう」と思ったときは、「何一つ幸せと思えない私って、すてき」。

「あの人はすごいなあ」と人と自分を比べてしまったら、「あの人をすごいとわかった自分もすごい！」。

こうやって繰り返しているうちに、いつのまにか前よりもずっと自分のことを好きになっているのではないかと思います。

〈ワーク〉

悩みや不安の原因が見えてくる！

つらい、苦しい、うまくいかないと思っている人は、自分に「なぜ」と問いかけて、その原因を探ってみると、思わぬ答えを発見できることがあります。

たとえば、「子どもが言うことを聞かなくて、追い詰められた気持ちになってつらいです」と言うお母さんと話をしたときのこと。

「どうして、つらいの？」と私が尋ねます。

すると、お母さんは「全然勉強しないんです」「叱っても直さないんです」などつらい理由を答えます。そしてポロっと「子どもなんて、産まなきゃよかった……」と言うのです。

そこで、「だったら、子どもが車に轢《ひ》かれていなくなったら、ラッキーだね」と言うと、「それはイヤです。子どもがいなくなるなんて考えられません」と返ってくる。

「え？　だって、今、産まなきゃよかったって言ったよね？　いなくなってほしいんでしょう？」

「いや、そういうことじゃなくて……」

「じゃあどういうことなの？」とどんどん聞いていくと、結局、最後は、「自分の思い通りにならない」ことが原因だと見えてきます。

それがわかれば、子どもは思い通りにならないものですから、それは当然だと気づきます。

このように、自分自身にも「どうして、つらいの？」と質問し、「なぜ、なぜ、なぜ」と、掘り下げてみてください。


「なぜ私は悲しいの？」

「なぜ私はこんなに怒っているの？」

「なぜ私はあの人のことが許せないの？」

自分にいくら聞いたってわかるはずがないと思いますか？

いいえ、だいたい答えは出るのです。

なぜって、生まれる前にこういう人生にしようと自分で決めて、壁にぶち当たったときの乗り越え方も、全部自分で知っているからです。

前世の経験という情報は忘れてしまうけれど、自分の本質はちゃんとわかっているのです。

〈ワーク〉

自分を「生み直し」て、生まれかわろう！

「おなかの赤ちゃんに、たくさん話しかけると、親子と絆が育まれますよ」という話をすると、すでに子育てしているお母さんから「私は全然話しかけてあげませんでした。わかっていたら話しかけたのに、残念です」と言われることがあります。

そんなとき、私はこう言います。

「生み直せばいいんですよ」

子どもをおなかに戻すところからイメージしてみましょう。そして、おなかの中の赤ちゃんにたくさん話しかけてみます。

「今日は晴れて気持ちいいね」

「今日のお昼ごはんは、お母さんが好きなサンドイッチでうれしいな」

「お父さんが帰ってきたよ～」

このように、自分が話したかったことを、存分におなかの中の赤ちゃんに話してください。

それから、出産のときを思い出して、また産んでみるのです。

これはただのイメージにすぎないと思うかもしれませんが、これだけで意識が大きくかわるので、効果は絶大です。親子関係が悪かった人が、このワークをやってみたら、驚くほど良好になったという話はいくらでもあります。

これは、自分自身にも応用できます。

自分で、お母さんのおなかの中にいた頃を、イメージしてみましょう。

羊水の中はどんな感じでしょう。

お母さんは何をしていますか。

誰と話していますか。

自分にどんなことを話しかけてくれているでしょう……。

おなかの中から、お母さんにたくさん話しかけてもいいですね。

「お母さん、お寿司よく食べるね。好きなんだね」

「お母さんのおなかの中は、あったかいよ」

「お母さん、私、だんだん大きくなっているよ」

こんなふうにイメージをどんどん膨らまして話しかけてみると、自分はどんなに愛され、望まれて生まれたのかが実感できます。

それはとても幸せな経験で、自己肯定感が高まり、自分や周りの人、お母さんとの関係性が大きくかわる人もたくさんいます。

あれほどイヤだった過去の経験が、実は幸せだったと発見するきっかけにもなります。意識がかわることで、過去もかわるのです。

第4章

魂は、愛。
感情が入ると愛が動き出す

対談　すみれちゃん×池川

感情をどんどん動かそう

池川　「宇宙は、愛でできている」って言うじゃない。ということは、愛はそこらじゅうにあると思うんだけど、なかなかわかりにくいよね。どうしたら愛がわかるんだろう？

すみれ　**「思い」がいちばん。**

池川　思いってエネルギーのこと？

すみれ　エネルギーでもあるし、自分自身でもあるし、自分の中にあるもの。

池川　ということは、愛は物質であり、エネルギーでもあるということ？

すみれ　うん。

池川　人間は物質だから、愛は自分であり、エネルギーでもあるって言えるね。人間は愛のかたまりなのに、なんでケンカしたり、イヤな感情を持ったりするんだろう。

すみれ　すごくいろいろな愛があるから。

池川　そうか。すみれちゃんは、お母さんの愛をどう感じてる？　お母さんに怒られてムッとするときでも、愛を感じるの？

すみれ　一方的に怒ってるわけじゃなくて、「これは、こうだから」って教えてくれながら怒るからわかる。**どう思ってそれを言っているかがわかる。**「お菓子あげるよ」って言われたとき、純粋な気持ちでお菓子をあげようと思っている人と、悪い気持ちであげようとしている人は違う。

池川　耳で聞いてるんじゃなくて、全身のセンサーを使って感じているんだね。赤ちゃんの頃は、言葉も五感も皮膚感覚でとらえて一体化しているけど、それと同じだね。

ところで、すみれちゃんは、幸せってどういうことだと思う？　愛は、人間の存在そのものでしょ。幸せっていうのは、そこに感情が乗ってくるのかな。

すみれ　うん。感情。でも、その人によって、幸せって違う。食べることが幸せな人もいれば、食べないことが幸せな人もいるし。

池川 そうだよねえ。感情って、嬉しい、楽しいだけじゃなくて、つらい、苦しいとか負の感情もあるしね。

すみれ **負の感情だって悪くない。**

池川 あるカウンセラーさんから、家族からひどい仕打ちを受けて、全員殺したいと思っている人の話を聞いたんだけど、カウンセラーさんが、「じゃあ、殺していこうね」って言って、イメージの中で親から兄弟、家族全員殺していったんだって。そのあとで、「どう？　幸せになれた？」ってその人に聞いたら、「僕のやりたいのはこんなことじゃないんだ！」って言ったんだって。「僕は、みんなから愛されたかった」って。

憎しみのような感情も、その源には愛情があるのかな？

すみれ **その人は、魂からすれば、「ラッキーだね」って思う。**

池川 ラッキー？

すみれ 普通は経験できないことをしているわけだから。

池川　殺したいほど家族を憎む経験なんて、そうはないもんね。それほど大きな感情の動きを経験できたってことが、ラッキーなんだ。

すみれ　うんうん！

池川　そう言われると、人間になった目的は経験することなんだって、本当にわかるね。

すみれ　すみれちゃんは、なんで生まれてきたと思う？　何かを伝えるため？

池川　んー。具体的に何を伝えるかは決めてない。神様とか天使さんとか見えない存在の言葉を伝える通訳さんかな。

すみれ　そうなんだね。『かみさまとのやくそく』に出演してくれたとき、「戦争は、絶対ダメ」って言ってたね。それはなんで？

池川　戦争って、国を守らなくちゃ！　っていう気持ちで行く人もいると思うけど、一人ひとりの気持ちは、「本当は、やりたくない」ってことが多いから。結局、誰も幸せにならない。

池川　そうだよね。神奈川県の藤沢市にある幼児教室「スコーレ」の土橋《つちはし》優子先生が、戦争とケンカはどう違うかを教えてくれたけど、戦争はどっちが偉いか、正しいかを押しつけるだけだから、幸せにならない。

でもケンカは、お互いの思いをぶつけ合うことで幸せに向かっていくからいいんだって。

みんながそれぞれ違いがあるのを認めて、楽しみながら肯定する生き方ができたらいいのにね。

せっかく人間になれたんだから、愛を感じて魂の声に従って、やりたいことをどんどんやってみるような人生だったら、楽しく生きられそうだね。

誰もが、最強で最大の愛の発電機を持っている

愛って何でしょう?

そう言われても、返答に困りますよね。

歴史上の著名な哲学者や小説家も愛について名言を遺していますが、辞書を引くと、「かわいがり、いつくしむ心」とあります。

愛は、他人に対して発動するものなのでしょうか。

すみれちゃんは、「愛は物質であり、エネルギーである」と教えてくれました。

そして、物質化した人間も、魂も、どちらも愛だと教えてくれました。

魂は愛そのもの。そして人間になった私たちも、愛そのものなのです。


私自身が、愛そのもの――。

これで思い出したのが、相対性理論を唱えた天才物理学者アインシュタインが、娘のイーゼルさんにあてて書いた１通の手紙です。

その手紙には、自分の中に、小さな、しかし強力な愛を発動させる発電機があると記されています。

私たちよりも物理学者のほうが先に、愛が最大最強のエネルギーであることに気づいていたことがよくわかります。非常に素晴らしい手紙なので、少し長いですが読んでみてください。

私が相対性理論を提案したとき、ごく少数の者しか私を理解しなかったが、私が人類に伝えるために今明かそうとしているものも、世界中の誤解と偏見にぶつかるだろう。必要に応じて何年でも何十年でも、私が下に説明することを社会が受け容れられるほど進歩するまで、お前にこの手紙を守ってもらいたい。

現段階では、科学がその正式な説明を発見していない、ある極めて強力な力がある。それはほかのすべてを含みかつ支配する力であり、宇宙で作用しているどんな現象の背後にも存在し、しかも私たちによってまだ特定されていない。

この宇宙的な力は愛だ。

科学者が宇宙の統一理論を予期したとき、彼らはこの最も強力な見知らぬ力を忘れた。

愛は光だ。

それは愛を与えかつ受け取る者を啓発する。

愛は引力だ。

なぜならある人々が別の人々に惹きつけられるようにするからだ。

愛は力だ。

なぜならそれは私たちが持つ最善のものを増殖させ、人類が盲目の身勝手さの中で絶滅するのを許さないからだ。

愛は展開し、開示する。

愛のために私たちは生き、また死ぬ。

愛は神であり、神は愛だ。

この力はあらゆるものを説明し、生命に意味を与える。

これこそが私たちがあまりにも長く無視してきた変数だ。

それは恐らく、愛こそが人間が意志で駆動することを学んでいない宇宙の中の唯一のエネルギーであるがため、私たちが愛を恐れているからだろう。

愛に視認性を与えるため、私は自分の最も有名な方程式で単純な代用品を作った。

『$E=mc^2$』の代わりに、私たちは次のことを承認する。

世界を癒すエネルギーは、光速の２乗で増殖する愛によって獲得することができ、愛には限界がないため、愛こそが存在する最大の力であるという結論に至った、と。

（中略）もし私たちが自分たちの種の存続を望むなら、もし私たちが生命の意味を発見するつもりなら、もし私たちがこの世界とそこに居住するすべての知覚存在を救いたいのなら、愛こそが唯一のその答えだ。

恐らく私たちにはまだ、この惑星を荒廃させる憎しみと身勝手さと貪欲を完全に破壊できる強力な装置、愛の爆弾を作る準備はできていない。

しかし、それぞれの個人は自分の中に小さな、しかし強力な愛の発電機を持っており、そのエネルギーは解放されるのを待っている。

私たちがこの宇宙的エネルギーを与えかつ受け取ることを学ぶとき、愛しいリーゼル、私たちは愛がすべてに打ち勝ち、愛には何もかもすべてを超越する能力があることを確信しているだろう。なぜなら愛こそが生命の神髄（クイントエッセンス）だからだ。

私は自分のハートの中にあるものを表現できなかったことを深く悔やんでおり、それが私の全人生を静かに打ちのめしてきた。

恐らく謝罪するには遅すぎるが、時間は相対的なのだから、私がお前を愛しており、お前のおかげで私が究極の答えに到達したことを、お前に告げる必要があるのだ。

お前の父親　アルベルト・アインシュタイン。

ユニティインスティチュートのブログより
http://ameblo.jp/unityinstitute/entry-12049168865.html

手紙に出てくる癒しのエネルギー「E＝mc^2」は、物質のエネルギーを転換する公式です。物質は物質、エネルギーはエネルギーではなく、物質はエネルギーであり、エネルギーは物質であるということを示しています。

物質は人間、エネルギーは魂を表しますから、人間は魂、魂は人間ということになります。

つまり、世界を癒すエネルギーは私たち自身であり、各々が宇宙最強の〝愛の発電機〟を持っているということです。

自らの内にある愛に気づき、それを多くの人が使えば愛にあふれた素晴らしい世界になると言えるのです。

でも、残念ながら私たちは、自らが発電機だということも、どう使えばいいのかもわかっていません。

でもそのヒントは、「**ただただ人を思いやること**」にあるのではないでしょうか。

愛の本質は、人を愛する、人を思いやることだからです。

「無条件の愛」に必要な３つの要素

親はみんな子どもを愛しているはずです。

でも、「私は、ひどい親だ」と嘆いているお母さんはたくさんいます。

思わず叩いてしまうから、ひどい言い方で叱ってしまうからなど、いろんな理由で自分を責める人は多いのですが、ならば、その人たちに愛はないのでしょうか？

いいえ、愛は、ちゃんとあります。

けれど、うまく愛を伝えられていないと感じるとしたら、それは本書で何度もお伝えしている通り、「我」で叩いたり、「我」で叱りつけているからです。

子どもは、親に怒られるようなことをわざとします。

なぜかというと、怒られることで、自分の限界をたしかめているからです。

草原の中に「ここからはみ出したらダメだよ」という「常識」や「ルール」という

名の柵があるとします。

子どもはその柵がどこにあるのかを、怒られることで知るのです。

その柵が遠い（広い）子どもは、とてつもなく広大な草原を冒険するでしょうし、近い（狭い）子どもは窮屈な草原の中で生きるというように、子どもはそうやって自分の世界観を作っていくのです。


親は子どもを叱るとき、頭ごなしに、「なんでこんなことをするの。謝りなさい！」とつい言ってしまいがちですが、子どもには、「こんなこと」をした理由があるのです。「こんなことをするなんて、恥ずかしい。私の子どもなら、もっといい子でいて。いい子にしていたら、優しくしてあげる」とか「いい子じゃなければ、愛さない」というように、条件をつけていませんか？

そんなつもりじゃない人が大半だと思いますが、知らず知らずのうちに多くの人が条件つきで子どもを愛しています。子どもはそれを敏感に感じ取りますから、本当の自分を隠して、お母さんの顔色を見て育ち、結果として親子関係がぎくしゃくしてしまうのです。

条件をつけて相手を見てしまうのは、親子に限ったことではありません。あなたが好きだと思う人を思い浮かべてみてください。そしてその理由を考えてみてください。

どうでしょう。人は意外と「○○をしてくれたから」とか「かっこいいから」とか「言うことを聞いてくれるから」など、自分の「我」を満たしてくれるさまざまな条件を見て「好きだ」と思っていることが多いものです。

では、条件がない愛とは、どんな愛でしょうか。

私は、無条件の愛とは、次の３つが満たされているときだと思います。

1　「そこにいて、いいよ」（相手の存在を受け入れる）

2　「あなたのことを、信じているよ」（相手の可能性を信じている）

3 「何か困ったことがあったら、応援するから」（相手の力になりたいと思える）

子どもに毎日、「あなたがお母さんの子どもでよかった」と伝え続けていると、子どもは「ここにいていいんだ」と存在を認めることができ、自己肯定感が高まります。

そして、子どもに何かあったとき、「あなたなら大丈夫」と、それを乗り越える力があることを伝え、信じてあげます。

やたらと心配する親もいますが、むやみに心配することは、かえって子どもの力（可能性）を奪ってしまうことにもなります。

ただただ見守り、信じてあげる。

これは、心配するよりも難しいことかもしれませんが、そういう存在がいるだけで、子どもは自分の可能性を信じて伸ばすことができるのです。

そして、「何か困ったことがあれば、いつでも応援するよ」と言ってあげましょう。日頃から、「いつでも応援しているよ」という言葉をかけるのもいいでしょう。

でも、多くのお母さんがこれと真逆の言い方をしてしまいます。

「ほら、お母さんの言う通りにしないから、こんなことになったじゃないの！」「だから、失敗するのよ」

そうではなくて、「何度失敗しても、大丈夫だよ。お母さんが精いっぱい応援するから頑張ろうね」。

親子だけではなく、パートナーや友達、そして自分に対してもこの無条件の愛をもって接することで、お互いの愛の発電機が動き出すのだと思います。

自分そのものが、愛すべき存在であることに気づく

愛の本質は、「相手を思いやる」というお話をしましたが、3章でも述べたように、**「他人のため」という気持ちは、まず自分自身を愛していないと持つことができません。**

あなたは、愛に満たされていますか？
その愛は、人に伝わっていますか？

自分の心が空っぽでは、愛は伝わりません。
空っぽのまま、人に喜ばれるために一生懸命頑張ると、人に認められるために行動することになります。それは、穴の開いたコップに水を注ぎ続けるようなもので、い

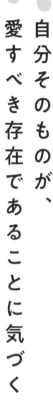

つまでたっても心の空洞を埋めることはできません。

「どうして、私の人生はうまくいかないんだろう？（こんなに頑張ってるのに）」

「どうして、私は認められないんだろう？（こんなにあなたのためにやってるのに）」

「どうして、私は愛されないんだろう？（こんなにあなたを愛しているのに）」


そう思ったら、思い出してください。

自分そのものが、愛すべき存在だということを。


自分が、愛そのものの存在だと認めることはとても大切です。

繰り返しますが、愛は、物質であり、エネルギーです。物質である私たち人間は、すでに愛そのものなのです。

愛がない、愛がないと探し回っている人も、自分が愛そのものなのです。

探し回っている間は、なかなか見つからない。これはベルギーの劇作家・メーテルリンクの『青い鳥』という話にも通じるものがあります。

物語の簡単なあらすじはこうです。

貧しい木こりの息子チルチルと妹のミチルは、クリスマスの前の晩に魔法使いのおばあさんに「病気の娘のために、青い鳥を探してきて」と頼まれます。そこで犬やネコのほか、光の精や水の精などをお供に連れて、夢の中の世界へ青い鳥を探しに出かけます。

「思い出の国」では青い鳥を見つけてつかまえますが、鳥かごに入れたとたんに黒い鳥になってしまいます。

「夜の御殿」ではたくさんの青い鳥を見つけますが、つかまえると同時に死んでしまいます。「幸福の国」でも邪魔が入るなどしてつかまえられません。

最後に到着した「未来の国」で、ついに青い鳥をつかまえましたが、鳥かごに入れると赤い鳥にかわってしまいました。

おばあさんとの約束は果たせず、チルチルとミチルはがっかりして家に帰ります。

そこで2人が目を覚ますと、青い鳥は、木こり小屋の鳥かごの中にいたのです。

「なんだ。こんなところにいたのか」

娘のところへ持っていくと、彼女の病気はよくなりました。


青い鳥を幸せの象徴ととらえ、幸せは、すぐそばの、自分たちの足元にあったということを伝えてくれています。

私たちは、とかく隣の芝生が青く見え、あっちがいい、こっちがいい、あれがない、これがないと探し回るけれど、自分の足元は見過ごしがちです。自分の足元こそ光り輝いているのです。

この話には続きがあります。

「病気がよくなってよかった」と青い鳥にエサをあげようとしたところ、サッと飛び立ち、どこかに逃げていってしまったというものです。

これは、それほどまでに、足元の幸せは見逃しがちで、見つけても、すぐにまたそのことを忘れてしまうということを示唆《しさ》しているのでしょう。

「自分そのものが愛」だと思えない人は、自分自身にこう言ってあげてください。

「そこにいて、いいよ」

これは、魂からの愛のメッセージです。魂は、「いる」だけでただただ嬉しくて、幸せです。だから、自分の存在を丸ごと受容してください。

誰かに認めてもらおうとしたり、誰かに愛してもらいたいと思う前に、自分で自分のことを認めてあげましょう。

自分の心が愛で満たされたら、「相手のために何ができるかな?」と利他の気持ちに自然にシフトするはずです。

感情が入ると、愛が動く

ここまで、愛のお話をしてきましたが、愛と愛情は違うものです。

宇宙は、愛。魂も愛ですから、本来、愛は、そこらじゅうにあるものです。

この愛に、人間としての感情が入ってはじめて愛が動き、愛情になります。

プロの料理人と話をしていると、「奥さんの作ったごはんがいちばんおいしい」とみなさん言います。みんなにおいしいと言われる料理を作る人が、ほかのレストランの高級なごちそうではなく、奥さんの手料理がいちばんだと思うのは、そこに愛情を感じるからだと思うのです。


奥さんの旦那さんに対する愛は、「疲れた体を癒してあげたい」「元気になってほしい」という感情が入ることで愛が動き、愛情にかわるというわけです。

感情というのは、人間ならではの素晴らしいものです。

魂の状態のときは、決して感じられない貴重なものです。

だから、生きているうちにさまざまな感情を存分に味わってください。

感情が入ると、愛が動く。

これに当てはめれば、嬉しくても愛が動くし、悲しくても愛が動きます。

私たちは、嬉しい、楽しいなどポジティブな感情はいいこととして受け入れますが、悲しい、苦しい、不安や嫉妬などネガティブな感情は、悪いことと思いがちです。しかし、**どんな感情も自分の中の愛を動かすために必要なものなのです。**

たとえば、憎いという感情は、強烈なネガティブの感情ですが、その分、愛が動きやすいとも言えます。「憎い」と思ったら、「絶対に、許さない!」と拳を握りしめて歯ぎしりしたり、おいおい泣いていいのです。その感情を思い切り感じることにより、愛に気づくきっかけになるからです。

命＝体（肉体＋時間）＋魂（たま＋しい）＋欲

入江富美子さんが『へそ道』（サンマーク出版）という本の中で、魂について触れていました。

それによると、魂は、「たま」と「しい」に分けられるそうです。

「たま」とは、「御霊（みたま）」のこと。「みたま」とは、天であり、すべてのもと。私たちの中にも「みたま」と同じものがあり、それを「分けみたま」と言います。

そして、それによると、「しい」とは、なんと感情のことらしいのです。

嬉しい、悲しい、悔しい、楽しい、ほしいなど感情を表す言葉には、「〜しい」がついています。

つまり、魂とは「御霊＋感情」ということ。

そしてさらに「欲」という接着剤があって、愛が動くそうです。

この欲とは、「誰かの役に立ちたい」というものであり、生まれてきた目的を果たすという欲です。

ただし、「誰かの役に立つ」「相手のために何かする」というのは、自己犠牲の上に成り立つものではありません。

我慢しながら、苦しみながら相手を喜ばせようとするのは、相手に認められようとする行動です。そうではなく、「自分が、ただただ嬉しい」と感じることをする。それが愛を動かす原動力になります。

おじいちゃんが重い荷物を持っているのを見て、思わず「私が持ちましょう」と言ったとします。このように「やりたいから、やった」「私が嬉しいから、やった」という行動が愛です。

105歳で亡くなった聖路加国際病院の名誉院長だった日野原重明さんは、自殺やいじめの問題に心を痛め、90歳頃から「10歳の子たちに思いを伝えたい」と出張授業をはじめました。そこでこんな話をしていました。

「心臓は生きるために必要だけど、そこに命があるわけじゃない。これからいちばん、大切なことを言います。命とは、人間が持っている時間のことです」

ここで私の脳裏に、命の公式が駆け巡りました。

命＝体（肉体＋時間）＋魂（たま＋しい）＋欲

私たちは、限りある時間の中で、誰かのため、何かのために、何かをしたいという欲があり、それが命を輝かすことにつながると言えるのではないでしょうか。

肉体を持たなければ味わえない感情を存分に感じ、肉体を持ったからできる体験にどんどんチャレンジする。それが、魂を持って生まれ、命を輝かせて生きるということだと思います。

愛が動き出すと、世界がかわる

たくさんの人の感情が動くと、愛も大きく動き、それは世界をもかえる力になります。

2018年、東京都目黒区で5歳の女の子が虐待されて死亡した事件が、大きなニュースになりました。一生懸命覚えた文字で、「もうおねがいゆるして」とノートに記したことなど、胸を締めつけられるような事実が報道されました。

日本中の関心を集めたということは、それほど多くの人たちが、虐待した両親への怒り、悲しみなどやるせない感情を抱いたということです。

この話を10歳の子と話していたら、「あの子は、親に愛を伝えるために生まれてきたんだよ」と言っていました。

命と引きかえに、愛を伝えようとしてくれた。

もしそのように仮定すると、私たちにできることは、たくさんの人が抱いた大きな愛を、行動に移すことではないでしょうか。

腹が立ったとか、かわいそうと思うだけで終わってしまうのはよくあることですが、それでは何もかわりません。

愛に行動が伴うと、世界はどんどん愛に向かって動きはじめます。

この事件では、愛はさまざまなかたちで動きました。

政府は緊急に児童虐待防止策をまとめ、オンライン署名サイトでも児童虐待防止対策を求めるキャンペーンがたくさん展開されました。世の中に大きなうねりが起き、社会は動いたのです。

犠牲になった子は、必ずしも犠牲者で終わったわけではありません。

彼女は、多くの人の感情を動かし、愛に気づかせてくれた。そういう役目を負ってくれたと言えます。

この話で思い出すのが、2006年に起きた事件です。福岡市内在住の会社員の乗用車が、飲酒運転をしていた市職員（当時）の男の車に追突され博多湾に転落し、同乗していた3人の子どもが死亡しました。

あの一件以来、飲酒運転の罰則は強化され、飲酒運転による事故も急減しました。多くの人の感情により、世の中は動いたのです。

3人の子どもは、命をもって飲酒運転が引き起こす事故の悲惨さを伝えてくれました。

その後、このご夫婦は新たな命を授かりました。しかも3人です。亡くなった3人が戻ってきてくれたのかもしれません。

強い感情を伴うことで愛が動くと、世界を動かすほどのパワーを持つことがあるのです。

おわりに

魂というユニークな視点から、自分の人生を改めて見つめてみよう。
それが本書の目的でしたが、紐解いていくと、実にシンプルな答えにたどりつきます。

どんな人生も、オールOK。

今、悶々《もんもん》としている人は、それでOK。
かわりたいと思っている人も、それでOK。
かわりたいのになかなかかわれず、また悩む。それだってOK。
今がどんなに悲惨だ、最悪だ、もうイヤだと思っても、すべては人間として生まれてこなければ感じられない貴重なギフトです。だから、何もかもOKなのです。

魂から物質化して人間になることを決めたのは、あなたです。

体験しよう。経験しよう。そう決めて、この世に生まれてきたはずです。

これはとてつもない〝偉業〟ですが、それをやってのけたのです。

宇宙が体験したくてもできないことを、今、この瞬間にも、あなたはやっているのです。

いいことも、悪いことも、全部、あなたしか感じられない経験という名の宝物です。

だから、楽しいも、苦しいも、とことん味わって生きたらいいと思います。

魂は、愛そのものです。

愛が物質化した私たちも、その本質には、愛しかありません。

その愛を思う存分放射して、喜怒哀楽豊かに、あなただけの人生を歩んでいってください。

池川 明（いけがわ あきら）

池川クリニック院長。医学博士。

帝京大学医学部卒業。同大学院修了。上尾中央総合病院産婦人科部長を経て、池川クリニックを開院。1999年より「胎内記憶」に関する研究を始め、国内外で第一人者として知られる。また「出生前・周産期心理学協会（APPPAH）」の日本における元アドバイザーでもある。それらの成果を医療の現場に活かし、母と子の立場に立った医療を実践。全国で行われる講演会やセミナーは常に満席という人気で、メディアからの取材も多数あるため、現在は外来診療と胎内記憶を中心とする講演活動に重点を置いている。

著書は『ママのおなかをえらんできたよ。』『おぼえているよ。ママのおなかにいたときのこと』（共にリヨン社）、『胎内記憶でわかった　子どももママも幸せになる子育て』（誠文堂新光社）、『子どもはあなたに大切なことを伝えるために生まれてきた。』（青春出版社）など多数ある。

HP　http://ikegawaakira.com/

すみれ

2007年生まれ。生まれたときから、かみさまや、見えないけれど一人ひとりを見守ってくれている存在たちと話ができる女の子。ママのおなかに入る前のことをすべて覚えており、おなかの中のあかちゃんとお話しすることもできる。2013年に公開された胎内記憶をテーマとするドキュメンタリー映画『かみさまとのやくそく』（2016年版）に出演し、全国のママたちの間で話題の小学生となる。現在、小さな体ながら全国を飛びまわり、子育てに悩むママはもちろん、一流企業の社長にも幸せを届けている。不定期で開催しているトークショーでは、「言葉のすべてが、深すぎる……」と毎回号泣の嵐を呼んでいる。好きな食べ物はピザ（特にマルゲリータ）。実は、勉強と運動がちょっぴり苦手。

著書にベストセラーとなった『かみさまは小学5年生』（サンマーク出版）がある。

ブログ　https://ameblo.jp/999marira999/

ブックデザイン　高瀬はるか
編集協力　三浦たまみ
編集担当　真野はるみ（廣済堂出版）
DTP　株式会社三協美術

魂の教科書

自分に目覚めてラクに生きたいあなたへ

2019年3月13日　第1版第1刷
2019年4月10日　第1版第2刷

著者　池川明
発行者　後藤高志
発行所　株式会社 廣済堂出版
〒101-0052　東京都千代田区神田小川町2-3-13　M&Cビル7F
電話　03-6703-0964（編集）
03-6703-0962（販売）
Fax　03-6703-0963（販売）
振替　00180-0-164137
URL　http://www.kosaido-pub.co.jp

印刷・製本　株式会社廣済堂
ISBN　978-4-331-52218-9　C0095